_____ 드림

4~7세
내아이
리더십
키우기

4~7세 내 아이 리더십 키우기

초판 1쇄 발행 2012년 11월 12일
초판 5쇄 발행 2018년 3월 22일

지은이 김금희

발행인 장상진
발행처 경향미디어
등록번호 제313-2002-477호
등록일자 2002년 1월 31일

주소 서울시 영등포구 양평동 2가 37-1번지 동아프라임밸리 507-508호
전화 1644-5613 | **팩스** 02) 304-5613

저작권자 ⓒ 김금희

ISBN 978-89-6518-069-2   13370

· 값은 표지에 있습니다.
· 파본은 구입하신 서점에서 바꿔드립니다.

경향에듀 는 경향미디어의 자녀교육 전문 브랜드입니다.

4~7세 내 아이 리더십 키우기

경향에듀

프롤로그

　흔히 '리더십' 있는 아이가 성공한다고 말한다. 이 '리더십'은 무엇을 말하는 걸까? 자신의 삶을 스스로 꾸려 나가고(self leadership) 다른 사람들을 배려할 줄 아는(servant leadership) 것을 '리더십'이라고 할 수 있을 것이다. 결국 스스로가 삶의 주체가 되어 살아가는 사람을 말한다. 이런 리더십은 학교나 학원에서 배울 수 있는 것이 아니다. 집에서 자연스럽게 가족들과 함께 혹은 유치원이나 어린이집과 같은 일생생활 속에서 반복 훈련을 통해 습관으로 길러지는 것이다. 특히 도덕성과 사회성이 발달하는 만 3~5세, 즉 우리가 흔히 말하는 유아기가 바로 리더십을 길러 주기 위한 적기다.

　이 책은 부모와 아이가 일상생활 속에서 쉽고 재미있는 활동을 통해 누구나 '리더십'을 기르고 그것으로 자신의 삶을 행복하게 영위해 나갈 수 있도록 돕는 데 그 의의가 있다. 또한 어떤 특별하고 어려운 활동이 아니라 준비물 챙기기, 혼자 씻기, 방 정리하기 등 일상생활에서 하고 있는 일에 특별한 의미와 체계를 더해 주는 것이라는 데 그 특징이 있다. 아이가 자신의 생활에 의미를 부여하고 지켜 나가면서 성취감을 느끼고 더 나아가 자신의 인생을 이끌어 나갈 수 있는 힘을 기를 수 있도록 하는 것이다. 똑같이 먹고 자고 유치원에 가더라도 일 년이 지난 후에 이 책을 읽고 실천한 부모의 아이와 이 책을 읽지 않은 부모의 아이는 확실히 달라져 있을 것이다. 필자는 아이들이 일상생활 속에서 좋은 습관을 만들고 그 습관을 통해 삶을 변화시키기를 간절히 바란다.

  이 책은 필자가 30여 년간 유아 교육 현장에서 몸소 체험하고 다듬으며 만들어 온 것으로 집에서 할 수 있는 '생활 속 리더십 활동'이다. 일 년간 52주 동안 한 주도 빠지지 않고 엄마, 아빠와 함께 이 활동을 한다면 돈 주고도 배울 수 없는 값진 리더십이 습관처럼 배어 있는 아이를 발견할 것이다.

김금희

차례

프롤로그 _4
들어가기 전에 _10

1부 4~5세 자존감 키우는 리더십

3월 리더십 실천 시작하기
1주 매일매일의 실천 약속을 정해요 _30
2주 미리미리 바구니 _32
3주 나의 소원은? _35
4주 엄마와 함께 티타임 _38

4월 내 할일은 스스로
1주 내가 씻어요 _42
2주 혼자 옷 입어요 _44
3주 잠자리를 정리해요 _46
4주 내가 먹은 그릇은 내가 _48

5월 가족과 함께
1주 가족 신발 정리 _50
2주 효도 쿠폰 만들기 _51
3주 1인 콘서트 _53
4주 식탁 예절을 배워요 _55

6월 성장하기
1주 베갯머리 10분 독서 _58
2주 올바른 식습관 규칙 _60
3주 소중한 내 몸을 지켜요 _63
4주 나의 여러 가지 감정 _66

7월 미래의 나
1주 자기소개하기 _70
2주 작은 선생님 _72
3주 동화 구연 _75
4주 꿈 발표회 _77

8월 나라 사랑
1주 우리나라의 상징, 무궁화 _80
2주 한복 입기 _82
3주 태극기 달기 _84
4주 제기 만들기 _87

9월 자연과 함께

1주 분리수거 _90
2주 환경을 보호하는 나 _92
3주 화분에 물 주기 _95
4주 산책하기 _97

10월 체험 학습

1주 서점 가기 _100
2주 전시회 가기 _102
3주 레스토랑 가기 _104
4주 여행 가기 _106

11월 유아 경제

1주 5000원의 행복 _108
2주 사랑의 저금통 만들기 _109
3주 은행에서 통장 만들기 _111
4주 심부름 용돈 모으기 _113

12월 따뜻한 마음

1주 멋진 어린이 되기 _116
2주 카드 쓰기 _118
3주 어려운 이웃 돕기 _120
4주 작아진 물건 나누기 _122

1월 새해를 준비해요

1주 세배하기 _124
2주 제가 이만큼 자랐어요 _127
3주 새해 계획 세우기 _129
4주 가족 생일 알아보기 _131

2월 유종의 미

1주 나의 모습 그리기 _134
2주 즐거웠던 1년 _136
3주 리더십 활동 미리 보기 _138
4주 리더십 수상식 _140

2부 6~7세 자립심 키우는 리더십

3월 리더십 실천 시작하기

1주 학습 플래너 만들기 _146
2주 꿈 상자 만들기 _149
3주 꿈 통장 만들기 _152
4주 캡처북 _155

4월 내 할일은 스스로

1주 혼자 목욕해요 _158
2주 내 옷을 정리해요 _160
3주 내 방 청소하기 _163
4주 실내화 빨기 _165

5월 가족과 함께

1주 파란 수첩 _168
2주 밥상 차리기 _171
3주 가족과 함께하는 대청소 _173
4주 가족 직업 체험 _175

6월 성장하기

1주 나의 멘토 _178
2주 전화 스피치 _180
3주 세계 여러 나라의 인사법 _182
4주 예시바(주제 토론) _184

7월 미래의 나

1주 영어 자기소개하기 _188
2주 아나운서 되기 _190
3주 어린이 기자 되기 _192
4주 타임캡슐 _194

8월 나라 사랑

1주 태극기 그리기 _196
2주 애국가 부르기 _198
3주 우리나라를 빛낸 위인들 _200
4주 옛시조 읊기 _203

9월 자연과 함께

1주 나는 발견왕 _206
2주 환경 지킴이 _208
3주 콩나물 키우기 _210
4주 새집 만들기 _213

10월 체험 학습

1주 도서관 가기 _216
2주 박물관 관람 _218
3주 공연 관람 _220
4주 기차 여행 _223

11월 유아 경제

1주 슈퍼마켓 다녀오기 _226
2주 절약하기 _229
3주 아나바다 실천하기 _231
4주 심부름 용돈 모으기 _233

12월 따뜻한 마음

1주 손수건 리더 _236
2주 기부하기 _237
3주 노인정 방문하기 _239
4주 손님 초대하기 _241

1월 새해를 준비해요

1주 가훈 만들기 _244
2주 새해 소망 달력 _247
3주 우리 가족 새해 소망 _249
4주 우리 집 행사 계획 세우기 _251

2월 유종의 미

1주 선생님에게 감사 편지 쓰기 _254
2주 리더십 감상문 쓰기 _256
3주 나의 역사책 만들기 _258
4주 리더십 수상식 _259

| 들어가기 전에 |

 리더십은 교육이 아니라 습관이다

엄마들은 스스로 잘하는 아이를 바란다

"엄마, 이거 해 줘."

"나 이거 혼자 못해."

"엄마, 놀아 줘."

하루 종일 엄마 곁을 떠나지 못하는 아이들이 많다. 혼자 할 수 있는데도 불구하고 계속 엄마만 찾는 아이들. 스스로 놀 거리를 찾아서 놀고 문제를 해결하고 자신이 할 일을 알아서 척척 해 준다면 얼마나 좋을까? '좀 더 크면 나아지겠지, 지금은 어려서 그렇겠지'라고 위로하지만 사실 엄마에게 의존하는 아이들은 나이가 들어도, 혼자 할 수 있어도 '혼자서 잘하는 사람'이 되기 어렵다. 그렇다면 스스로 척척 잘하는 아이들은 왜 그런 걸까, 어떻게 그렇게 되었을까, 또 그런 아이가 되게 하려면 어떻게 해야 할까? 이런 아이들은 바로 '리더십'을 가지고 있기 때문이다. 흔히 '리더십' 하면 전에는 집단 가운데에서 발휘되는 카리스마 정도로 인식되었다. 하지만 이제는 집단의 리더만이 가지고 있는 것이 아니라 누구나 가지고 있고 언제 어디서나 발휘되며 개인이 꼭 갖춰야 할 덕목이 되었다.

특히 리더십을 세분화하여 이야기하는데 그중에서도 중요시되는 것이 셀프 리더십이다. 셀프 리더십이란 자기 자신을 리드하는 것이라 말할 수 있는데 자기 변화를 기본으로 팀의 변화를 이끌 수 있기 때문에 어떤 리더십보다 우선되어야 한다. 또한 셀프 리더십이 중요한 이유는 스스로를 진실로 리드할 수 있는 사람은 자기 자신밖에 없기 때문이다. 또한 서번트 리더십이 있다. 직역하면

'하인의 리더십'이지만 국내에서는 '섬기는 리더십'으로 알려져 있다. 미국 학자 로버트 그린리프(Robert Greenleaf)가 1970년대에 처음 주창한 이론으로 '다른 사람의 요구에 귀를 기울이는 하인이 결국은 모두를 이끄는 리더가 된다'라는 것이 핵심이다. 즉, 서번트 리더십은 인간 존중을 바탕으로 구성원들이 잠재력을 발휘할 수 있도록 앞에서 이끌어 주는 리더십이라 할 수 있다.

자신을 더 나은 사람으로 변화시키고 자기 관리를 철저히 할 수 있는 사람, 나아가 다른 사람을 이끌 수 있는 사람이 되기 위한 리더십을 기르기에 적절한 시기는 바로 유아기다. 5~7세에는 인간성을 담당하는 전두엽이 발달하기 때문이다. 전두엽은 인간의 사고 기능과 인간성, 도덕성, 종교성 등의 최고 기능을 담당하는 곳이다. 이때 예절 교육, 인성 교육, 기본 생활 습관 등을 바로잡아 줘야 성장을 한 후에도 인성이 갖춰진 아이로 자랄 수 있다. 그러므로 아이가 자기 자신을 바르게 리드할 수 있는 사람으로 성장할 수 있도록 하기에 유아기가 적기라 할 수 있다.

유아 스스로 삶의 주체가 될 수 있게 하자

엄마들은 생각한다.

'그러면 리더십을 어떻게 가르치지?'

하지만 리더십은 인위적으로 가르친다고 되는 것이 아니라 자연스럽게 생활 속 훈련으로 길러지는 습관이다. 앞으로 다루게 될 52주간의 활동에서도 알 수 있겠지만 유치원에 갈 준비를 하고 어른들에게 인사를 하고 심부름을 하고 집안 정리를 하는 등 일상생활 속에서 이루어지는 사소한 활동과 실천을 통해 리더십을 기를 수 있다.

유치원이나 어린이집을 가기 위해 준비하는 아이들의 아침 풍경을 살펴보자.

"일어나! 늦었어! 밥 먹어야지. 서둘러! 옷은 이거 입고. 세수하고…….."

이 말 어디에도 아이가 주도적으로 하는 일은 찾아볼 수 없다. 하지만 스스로 준비하고 확인하고 성취할 수 있는 아주 사소한 장치만 마련해 준다면 놀랍게도 아이들은 주도적으로 행동할 수 있다. 다시 말하면 이 책을 읽고 아이들의 생활에 작은 변화만 주더라도 아이들은 자기 주도적인 아이, 즉 리더십을 가진 아이로 자랄 수 있는 것이다.

앞으로 이 책에서 소개할 활동 중 '미리미리 바구니'가 있다. 미리미리 바구니는 아이가 유치원에 가기 전에 필요한 것들을 미리 준비해 놓을 수 있는 바구니를 마련해 주는 활동이다. 부모는 바구니를 마련해 준 것뿐이지만 이 활동만으로도 아이들은 하루를 미리 준비하고 즐겁게 시작할 수 있다. 아이들에게는 그런 활동을 해낼 수 있는 힘이 잠재해 있기 때문이다. 지금은 이러한 이야기가 생소하게 들리고 이해하기 어렵겠지만 이 책을 읽고 실천하다 보면 그런 아이들의 잠재력을 끌어낼 수 있는 비밀을 발견하게 될 것이다.

"아침에는 일어나서 세수부터 하는 거야. 유치원에 가려면 8시에는 일어나야지."

이렇게 가르친다고 과연 아이들이 변할까? 수십 번, 수백 번 말한다고 해도 아마 잘 변하지 않을 것이다. 아이가 마음으로 느끼고 생활 속에서 습관처럼 실천하며 즐겁게 자발적으로 할 수 있도록 만들어 줘야 한다. 그래야 아이가 스스로 자신의 생활을 만들어 나가는 즐거움과 기쁨을 느끼고 그 가운데에서 아이 자신이 삶의 주체가 될 수 있기 때문이다.

"생활 속에서 자신의 성취 욕구를 채워 나가는 아이들은 어떤 시련에도 굴하지 않고 견뎌 내는 위대한 리더가 된다."

— 안토노프스키(Antonovsky)

매일, 매주 실천하기는 어렵다

리더십 교육은 처음에 내 딸을 교육시키면서 시작되었다. 바쁜 일과 속에 딸과 함께 보낼 수 있는 시간은 너무나 짧았다. 그래서 아이 스스로 할 수 있는 작은 약속들을 만들어 나갔다. 그중의 하나가 '리더십 다이어리'를 쓰는 것이었다. 리더십 다이어리란 자기가 스스로 할 수 있는 약속들을 적고 확인하는 다이어리다. 처음에 아이는 정성 들여 다이어리 쓰는 일을 매우 즐거워했다. 그런데 어느 날부터 다이어리 쓰는 것이 내 아이에게 지겨운 숙제가 되어 있다는 사실을 발견했다. 유치원에서 오랜 시간 동안 아이들과 리더십 다이어리를 쓰다 보니 비슷한 과정을 겪는 아이들을 볼 수 있었다. 이런 과정을 이겨 내기 위해서는 여러 장치가 필요하다.

첫째는 이 활동에 '즐거움'을 느껴야 한다. 책에 소개되는 활동 중에는 여행 가기, 전시회 가기 등의 체험 활동도 있고 방 정리하기, 신발 빨기 등의 일상생활에서 하는 활동들도 있다. 이 활동들을 하면서 성취감을 느끼고 재미를 느낄 수 있으며 배우는 것이 있고 부모와 함께하는 즐거움이 있어야 한다. 즐거움이 없으면 이 활동을 지속할 수 있는 힘을 잃는 것이나 마찬가지다. 그런 이유로 이 책에 실린 활동들은 대부분 공부나 어려운 활동이 아닌 재미있으면서도 일상생활과 가까운 활동들로 구성했다. 둘째는 '자발성'에 그 해답이 있다. 이 활동들은 52주를 기준으로 일주일에 한 번씩 하게 되어 있지만 절대 '강요'해서는 안 된다. 재미있는 활동이면 일주일에 두 번 할 수도 있고 그 주에 일상생활에서 일어난 일들이 이 책의 활동과 겹친다면 일주일에 세 번이 될 수도 있다. 혹은 활동을 하지 않는 주가 있을 수도 있다. 아이에게 강요하지 않고 즐겁게 활동할 수 있을 때, 일상생활에서의 활동이 이 책과 맞아떨어질 때 융통성 있게 활용하도록 하자. 그래야 '리더십'을 기르는 습관으로 자리 잡게 할 수 있다. 마지막으로 중요한 것은 아이가 '리더십 있는 사람'으로 성장하고자 하는 마음을 가질 수 있도록 격려하는 것이다. 내가 왜 리더십 있는 사람이 되어야 하는지, 어떤 사람이 리더십 있는 사람인지, 리더십 있는 사람은 어떻게 살아가는지에 대해 생각하고 배우다 보면 어린 나이라 하더라도 '리더십'을 가지고 싶은 마음이 생기게 된다. 그러므로 아이가 자신의 행복을 위해 리더십을 가진 사람이 될 수 있도록 도와주고 아이에게 동기를 부여해 주도록 하자.

앞서 말했듯이 이 책을 활용하되 강요하지 말고 아이들에게 맞게 활용했으면 하는 바람이 크다. 그러기 위해서는 다음 사항을 읽어 보고 실천할 것을 권한다.

① 매주 실천할 필요는 없지만 한번 실천하면 꾸준히 실천할 수 있도록 도와주자. 예를 들어 '방 정리하기' 활동을 함께 배웠다면 매일 실천할 수 있도록 하고 '리더십 다이어리'에 체크하자.
② 우리 아이에게 맞게 바꿔 보자. 우리 아이에게 쉽거나 어려울 수도 있고 필요하지 않은 활동일 수도 있다. 그렇다면 이러한 활동을 우리 아이에게 맞게 바꿔서 실천해 보자.
③ 놀이처럼 재미있게 하자. 이러한 활동은 반드시 해야 하는 숙제가 아니다. 가족과 함께 놀면서 하거나 일상생활 속에서 하고 있는 일들이 많다.

리더십 활동을 하기 위해 일부러 무언가를 하는 게 아니라 일상생활 속에서 이 책을 활용해 보자. 일상생활 속에 리더십을 기를 수 있는 매뉴얼이 하나 생겼다고 생각하면 어떨는지.

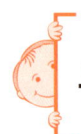
유아 리더십 교육에서 꼭 알아야 할 것

유아 리더십 교육에서 잊지 말아야 할 세 가지

오랜 시간 동안 리더십 교육을 위해 연구하고 실천하면서 생각한 게 있다. 그것은 유아기에 '리더십'을 길러 주기 위해서 필요한 버팀목 혹은 발판이 될 수 있는 세 가지가 있다는 것이다. 그 세 가지는 바로 자존감, 삶에 대한 대처 능력, 앎의 방식이다.

첫 번째는 '자존감'이다. 어린 시절 부모에 의해서 자연스럽게 각인되는 자존감은 아이의 말이나 생각, 행동, 웃음소리에까지 영향을 준다. 또한 자존감은 바르게 살도록 스스로를 다짐하게 하는 놀라운 힘이 된다. 아이에게 '나 자신이 괜찮은 사람'이라고 생각하게 하는 것은 단순한 칭찬으로 끝나지 않는다. 매일 하루 일과 속에서 성취감을 느끼고 스스로에 대한 평가를 하는 과정은 자존감을 형성할 수 있게 하는 밑거름이 된다. 그러므로 이 책을 읽고 리더십 활동을 하면서 아이에게 자존감을 키워 줄 수 있는 칭찬을 지속적으로 해 주도록 하자.

두 번째는 경험과 실천을 통해서 얻는 '삶에 대한 대처 능력'이다. 리더십을 길러 주는 활동들은 모두 '아이의 경험'을 토대로 했다. 많은 경험을 통해 성취감을 느끼고 삶을 당당하게 대할 수 있는 능력을 키워 주고자 한 것이다. 예를 들면 옷을 개고 자신의 빨래를 직접 하는 실제 생활 경험 속에서 아이 스스로가 삶을 꾸려 나가는 힘과 지혜를 얻는 것이다. 아이들은 이런 활동을 통해 자신이 연약한 보호 대상이 아니라 가족의 일원이라는 생각을 하게 되고 자신의 삶이 타율적인 것이 아니라 자율적인 것임을 깨닫게 된다. 또한 문제에 부딪혔을 때 대처하는 능력을 가지게 된다. 작은 구역 청소하기, 숟가락 놓기 등의 사소한 일상생활 속에서도 리더로서의 마음을 가지게 되는 것이다.

세 번째는 '앎의 방식'이다. 아이가 1 더하기 1을 셈하는 방식을 주판이나 공책이 아니라 자신이 먹는 사과의 양으로 인식할 때 깊이 각인되듯이 더 좋은 더 많은 경험을 하게 해 주는 것은 매우 중요하다. 이런 경험을 통해 알아 나가는 방식이야말로 제대로 된 앎의 방식이라 할 수 있기 때문이다. 아이들이 그날 배운 것을 그날의 삶 속에서 경험함으로써 그 속에서 얻어진 지식을 완전히 자신의 것으로 만들 수 있다. 따라서 이 책의 리더십 활동은 학습과 경험을 통해 알아 나가고 체득할 수 있도록 구성했다.

유아 리더십 프로그램은 다섯 가지 핵심 주제와 1년을 구성하는 50여 개의 주제로 구성되어 있다. 1년 주제는 1학기는 셀프 리더십, 2학기는 서번트 리더십으로 구성된다. 셀프 리더십이 옷 혼자 입기, 잠자리 정리하기, 미리미리 바구니 등 자신의 생활을 스스로 정비해 나가는 프로그램이라면 서번트 리더십은 분리수거하기, 어려운 이웃 돕기 등 다른 사람을 위하는 마음을 길러 줄 수 있는 프로그램이다.

• 1학기

셀프 리더십 프로그램의 의의는 소극적이고 내성적인 아이를 적극적이며 강인한 의지를 가진 아이로 변화시켜 준다는 데 있다. 또한 자기 일을 스스로 할 수 있으며 자기 관리를 철저히 하는 자기 주도적인 아이로 변화시켜 줄 것이다.

• 2학기

서번트 리더십 프로그램의 의의는 자기 개인의 문제 해결 능력을 넘어서 다른 사람을 돕고 이끄는 능력을 키워 준다는 것으로 보다 넓은 세계를 무대로 활동해야 할 아이들에게 꼭 필요한 마음가짐이라 할 수 있다.

 리더십 활동을 시작하기 전에

리더십 활동은 매일 해야 하는 활동과 일주일에 한 번 해야 하는 활동으로 나눌 수 있다. 리더십 활동을 시작하기 전에 리더십 활동이 무엇인지, 매일 해야 하는 활동은 무엇인지 아이와 함께 이야기 나누는 시간이 필요하다. 리더십 활동을 시작하기 전에 꼭 해야 하는 활동 세 가지를 먼저 하도록 하자.

리더십 활동에 숨을 불어넣어 주는 시간 : 리더십 미팅

매주 월요일 리더십 활동을 시작하는 시간, 아이와 함께 '티타임'을 가져 보자. 아이가 좋아하는 음료수와 간식을 놓고 이야기하면 훨씬 더 부드러운 대화를 나눌 수 있다. 또한 재미있고 편안한 대화 시간을 통해 아름다운 대화 문화를 익혀 다른 사람과도 나눌 수 있으며 자신의 의견을 편안하게 이야기할 수 있게 도와줄 수 있다. 또한 티타임은 '리더십 미팅' 시간으로 사용될 수 있다. 리더십 미팅은 아이가 하고 있는 리더십 활동을 중간에 체크해 주고 힘들어하면 도와줄 수 있도록 엄마와 마음을 열고 이야기를 나누는 시간이다.

> **준비물** : 아이가 마실 수 있는 차와 다구, 간식, 클래식 음악과 꽃병, 작은 상

① 아이에게 티타임을 갖자고 이야기한다.
　엄마 : 우리 맛있는 간식 먹을까? 맛있는 거 먹으면서 엄마랑 이야기 나누자.
　아이 : 네, 좋아요.

② 대화를 하면서 마실 수 있는 차와 간식, 분위기를 부드럽게 만들 수 있는 작은 꽃병과 잔잔한 클래식 음악을 준비한다.

   엄마 : 어른들은 따뜻한 차를 마시면서 천천히 이야기하는 걸 좋아하거든. 우리 민서도 차 마실래?

   아이 : 좋아요.

   엄마 : 이 쿠키를 그릇에 담아서 상에 놓아 줄래?

③ 그날 있었던 일로 자연스럽게 대화를 시작한다.

   엄마 : 오늘 유치원에 다녀오니 어땠니? 새로운 친구들은 만났어?

   아이 : 네. 오늘 만들기를 했는데 재미있었어요.

④ 리더십 활동에 대해 쉽고 간단하게 설명해 준다.

   엄마 : 민서야, 이제 유치원에서 새로운 선생님도 만나고 친구들도 만났지? 또 4(5)살이 되었어. 그래서 오늘부터 엄마랑 일주일에 한 번씩 재미있는 놀이를 할 거야.

   아이 : 그게 뭔데요?

   엄마 : '리더십 놀이'라고 하는 건데 우리 민서가 친구들과 가족, 선생님들과 잘 지내게 도와주고 더 멋진 사람이 될 수 있도록 해 주는 놀이야.

   아이 : 그래요? 어떻게 하는 건데요?

   엄마 : 예를 들면 엄마랑 같이 책 읽고 만들기도 하는 거야.

   아이 : 아, 재미있겠다.

⑤ 엄마와 함께 한 주 동안 실천해야 할 사항을 정한다.

   엄마 : 엄마랑 하고 싶은 거 있었어?

   아이 : 응. 난 엄마랑 그림 그리기, 밖에 나가서 놀기 이런 게 하고 싶은데.

   엄마 : 그래. 그럼 해 보자. 그 외에 우리가 꼭 해야 할 일은 뭘까?

아이 : 세수하기, 이 닦기 같은 거?

엄마 : 그래. 우리가 매일 꼭 해야 할 일을 적어 놓고 지켜보자.

⑥ 이야기를 마무리하고 티타임 자리를 정리한다.

엄마 : 이제 우리 자리를 정리해 보자. 이 그릇 좀 주방에 갖다 놓아 줄래?

> **TIP**
> - 자신의 의견을 자신 있게 말하고 다른 사람의 의견도 집중해서 잘 들을 수 있도록 도와줍니다.
> - 평소에 나누고 싶었던 이야기를 자연스럽게 나누고 티타임은 리더십 활동 중간중간에 필요할 때 언제든지 가질 수 있습니다.
> - 꼭 엄마와만이 아니라 아빠, 형제, 친구와도 함께 티타임을 가져 봅니다.
> - 매주 월요일에 티타임을 가지면서 일주일 동안 지켜야 할 과제들을 정합니다.
> - 아이가 그동안 실천했던 리더십 활동과 앞으로 실천할 리더십 활동을 이야기합니다. 그러면서 자신감을 갖게 하고 자존감도 높여 줄 수 있도록 장점을 이야기하고 칭찬하며 강점을 키워 줍니다.
>
> 〈심장 교육〉
> 시간이 날 때마다 혹은 리더십 미팅을 마친 후에 아이를 한번 꼭 안아 주는 시간을 가져 봅니다. 서로의 심장 박동을 느끼고 가슴과 가슴을 맞대며 '넌 잘할 수 있어, 난 너를 믿어' 등의 메시지를 전해 줍니다. 반복적으로 이런 시간을 가지다 보면 아이에게 자신감은 물론 '내가 너를 사랑한다'라는 마음도 전해 줄 수 있습니다.

스스로 지키는 작은 약속들 : 리더십 다이어리

리더십 활동을 하기 위해서는 리더십 활동을 쓰고 확인할 수 있는 다이어리가 필요하다. 이 다이어리는 하루 일과를 생각하고 실천할 내용을 적는 것으로 아이가 하는 활동이 무엇인지 알고 확인함으로써 성취감과 자신감을 느낄 수 있도록 도와준다. 또한 목표와 목적이 있는 하루를 만들어 주고 이러한 목표를 이루는 습관은 아이가 목적과 가치가 분명한 삶을 살아가는 사람으로 성장할 수 있도록 도와준다. 엄마와의 티타임을 바탕으로 주제를 정하고 주제와 관련된 실천 과제를 정한다. 또한 매일 밤 다음 날 할 일을 계획하고 구상한다. 다음은 한 주의 리더십 주제를 바탕으로 한 다이어리 쓰기다.

① 잠들기 전 눈을 감고 다음 날 해야 할 일과 하고 싶은 일을 생각한다.
　엄마 : 내일 꼭 해야 할 일은 무엇이 있지?
　아이 : 유치원 가기, 색종이 사기.
② 부모님과 함께 실천 과제를 쓴다.
　엄마 : 그래, 여기(리더십 다이어리)에 내일 해야 할 일을 적어 보자. 유치원 가기, 색종이 사기. 그리고 내일 민서가 물고기 밥 주고 꽃에 물도 주기로 했잖아.
　아이 : 아, 맞다!
③ 다음에도 이렇게 활동할 것이라고 이야기해 준다.
　엄마 : 이제 매일 밤 이렇게 다이어리에 약속을 쓰고 지킨 다음에 확인 스티커를 붙일 거야. 그러면 매일 해야 할 일을 잊어버리지 않고 할 수 있겠지?
　아이 : 재미있겠다.
　엄마 : 약속을 잘 지키면 엄마가 일주일에 한 번 상도 줄게.

TIP

- 실천해야 할 일은 이 닦기, 세수하기 등 매일 해야 하는 것보다는 그날 특별하게 해야 할 일을 다섯 가지 이내로 정해야 실천하기 쉽습니다.
- 실천 과제를 쓸 때 글자를 모르는 아이들을 위해서 그림을 함께 그려 넣으면 아이의 흥미를 유발할 수 있습니다.
- 이 활동은 매일 저녁 하도록 합니다.
- 아이가 스스로 정한 실천 과제를 존중해 줍니다. 예를 들어 아이가 실천할 수 없는 일을 실천 과제로 정한다고 해도 아이의 생각을 존중하여 경험을 통해 깨달을 수 있도록 도와줍니다. 스스로 삶 속에서 실천할 수 있는 과제를 정할 수 있도록 기다려 주는 것이 중요합니다.
- 다이어리 쓰기를 꾸준히 한 아이들은 스스로가 삶의 주체가 되어 능동적으로 생활하게 될 것입니다.
- 다이어리는 반드시 스스로 쓸 수 있도록 지도하고(글을 아직 못 쓴다면 보고 쓰게 하거나 대신 써 주더라도) 다이어리가 귀하고 소중한 물건이라는 것을 인식시켜 줘야 합니다.

리더십 실천 과제, 이렇게 만들어요

처음 리더십 실천 과제를 정하는 부모님들은 이런 실수를 할 수 있습니다. 예를 들면,

- **기초적인(1차적) 리더십 실천 과제**
  책 2권 읽기
  한글, 수 공부하기
  엄마 말씀 잘 듣기
  리더십 습관 외우기 등

처음에는 이런 식으로 실천 과제를 정할 수 있지만 이렇게 정하는 것보다는 구체적이고 실천적인 과제를 정하는 것이 좋습니다. 예를 들면 다음과 같은 계획입니다.

- **성장하는(2차적) 리더십 실천 과제**
  속옷 개기
  미리미리 바구니 준비하기
  친구 초대하기

속옷 개기와 같이 생활에서 실천할 수 있고 미리미리 바구니(본문에 소개된 활동)와 같이 삶에 도움이 되는 활동을 정하도록 합니다. 또한 확실히 지켰다는 것을 확인할 수 있는 활동이 좋습니다. 이와 같은 활동에서 더 나아가 다른 사람을 배려하는 실천 과제를 정할 수 있는데 다음 예와 같습니다.

- 성숙한(3차적) 리더십 실천 과제
  아프리카 친구들을 위해 100원씩 저금하기
  옆집 동생에게 구구단 가르치기
  환경을 위해 분리수거하기

이렇게 보다 발전적이고 나보다는 남을 생각하는 활동으로 실천 과제를 정할 수 있게 됩니다. 물론 이것은 처음부터 정하기는 어렵고 책을 통해 함께 활동하다 보면 아이 스스로 이런 실천 과제를 정할 수 있게 될 것입니다.

    리더십은 생활 속에서 진행되는 교육이다. 공부 잘하는 아이를 만드는 것이 목표가 아니다. 스스로 생각하고 자신의 삶을 계획하는 리더를 만들고자 하는 것이다. 그러므로 공부하는 것에 초점을 두어 리더십 과제를 계획하기보다는 생활 속에서 해결해야 하는 문제들 혹은 꼭 해야 하는 기본 생활 습관과 같은 것들을 과제로 정하는 것이 좋다. 중요한 것은 개념적인 교육이 아니라 작은 실천이다. 리더십이 무엇인지를 아는 것은 중요하지 않다. 아이가 실제 생활 속에서 조금씩 변화하는 자신을 느낄 수 있도록 해야 한다. 이는 실천 스티커 보드와 스티커를 만들게 된 이유이기도 하다. 리더십에 익숙하지 않은 부모와 아이가 실천 스티커 보드를 통해 눈에 보이는 성취감과 열정을 키울 수 있는 것이다.

생활 속의 실천 리더십 : 실천 스티커 보드

    리더십 과제를 실천하면서 아이들이 성취감을 느끼고 꾸준히 할 수 있도록 격려하기 위해 필요한 것이 실천 스티커 보드다. 실천 스티커 보드란 벽에 붙여 놓고 스티커를 붙일 수 있도록 만들어진 보드를 말한다. 이렇게 벽에 붙이고 실천할 때마다 스티커를 붙여 주면 아이가 자신이 한 일을 직접 눈으로 확인하고 성취감을 느낄 수 있으므로 매우 중요한 과정이다. 또한 리더십 활동을 실천하면서 힘들고 하기 싫어질 때에도 스티커 보드에 스티커를 붙이고 또 그에 따른 보상이 이루어질 것을 생각하면서 힘을 내는 데 도움이 된다는 점에서도 중요하다.

① 아이와 함께 스티커 보드에 이름을 적고 방의 잘 보이는 벽면에 붙인다.
② 월요일마다 엄마와 함께 리더십 미팅을 하고 리더십 다이어리에 실천 사항을 적는다.
③ 리더십 과제를 실천할 때마다 스티커 보드에 스티커를 붙인다.
④ 금요일마다 엄마가 리더십 과제를 잘 실천했는지 보고 스티커상을 준다.
⑤ 3개월 혹은 6개월에 한 번 스티커를 다 모으면 금메달을 수여하고 그에 따른 보상을 해 준다.

TIP
- 이 책에 수록된 52개의 과제를 실천할 때마다 실천 스티커 보드에 스티커를 하나씩 붙일 수 있도록 합니다.
- 스티커에 대한 보상은 부모님과 아이가 상의하여 어떤 것이 좋을지 결정하는 것이 좋습니다. 아이는 자신이 원하는 것을 얻기 위해 과제를 실천하게 되고 그 가운데에서 의욕이 생기고 성취감과 보람을 느낄 수 있습니다.

4~5세

1부

자존감 키우는 리더십

4~5세를 대상으로 한 리더십 교육에 대해 많은 부모들이 아이가 너무 어린 것이 아닌가 하고 생각한다. 하지만 의외로 아이들은 재미있어 하고 그 재미 속에서 리더십이 길러지고 생활이 변하는 것을 느낄 수 있다.

3월
리더십 실천 시작하기

3월은 리더십 실천을 시작하는 달이다.
매주 실천하게 될 리더십 활동의 기초적인 활동으로
워밍업하는 시간을 가져 보자.

3월 1주
매일매일의 실천 약속을 정해요

'리더십 다이어리'를 쓰는 시간이다. 리더십 다이어리라는 말이 아이에게 어려울 수 있으니 '매일 엄마와 함께 지켜야 할 약속'을 정하는 시간이라고 이야기해 주자. 그리고 매일 실천해야 할 약속들을 적고 쉬운 일부터 계획하고 지켜 가면서 아이가 자신의 생활을 스스로 주도해 나갈 수 있도록 도와주자.

⏰ 이렇게 해 보세요

① 리더십 다이어리로 쓸 수 있는 작은 수첩을 정한다.
② 잠들기 전 눈을 감고 내일 해야 할 일과 하고 싶은 일을 생각한다.
  엄마 : 내일 꼭 해야 할 일은 뭐가 있지?
  아이 : 유치원 가기, 색종이 사기.
③ 부모님과 함께 리더십 다이어리에 실천 과제를 쓴다.
  엄마 : 그래, 여기(리더십 다이어리)에 내일 해야 할 일을 적어 보자. 유치원 가기, 색종이 사기. 내일 민서가 물고기 밥 주고 꽃에 물도 주기로 했잖아.
  아이 : 아, 맞다!
④ 다음에도 이렇게 활동할 것이라고 아이에게 이야기해 준다.
  엄마 : 이제 매일 밤 이렇게 다이어리에 약속을 쓰고 지킨 다음에 확인 스티커를 붙일 거야. 그러면 매일 해야 할 일을 잊어버리지 않고 할 수 있겠지?
  아이 : 재미있겠다.
  엄마 : 그리고 약속을 잘 지키면 엄마가 일주일에 한 번 상도 줄게.

💡 TIP

- 실천해야 할 일은 이 닦기, 세수하기 등 매일 해야 할 일보다는 그날 특별하게 해야 할 일을 다섯 가지 이내로 정해야 실천하기 쉽습니다.
- 실천 과제를 쓸 때 글자를 모르는 아이들을 위해서 그림을 함께 그려 넣으면 아이의 흥미를 유발할 수 있습니다.
- 이 활동은 매일 저녁에 하도록 합니다.
- '리더십 스토리'의 '저는 _____ 행복합니다' 란에는 왜 행복한지 씁니다. 아이가 왜 행복한지를 쓰다 보면 자신의 삶에서 행복을 느끼고 그것에 감사하며 살 수 있는 마음을 가지게 됩니다.
- 유아 리더십 실천 과제에는 주제와 실천 사항을 적어 넣도록 합니다.

🔽 리더십 스토리

오늘은 ____년 ____월 ____일 ____요일입니다.

저는 _____ 행복합니다.

유아 리더십 실천 과제를 적어 보아요.

1. 주제

2. 실천 사항

3월 2주
미리미리 바구니

　미리미리 바구니는 매일 저녁 다음 날 필요한 물건을 미리 챙겨 놓는 활동이다. 내일 할 일을 스스로 계획하고 준비하고 실천하는 습관은 아이가 자신의 삶을 스스로 꾸려 나갈 수 있도록 도와주는 밑거름이 된다. 매일 밤 다음 날 할 일을 계획하고 내일의 활동을 위해 준비해야 할 물건들을 미리미리 바구니에 담아 두도록 하자. 미리미리 바구니에 넣을 수 있는 물건들에는 가방, 컵, 수건, 다이어리, 옷, 머리끈, 필통 등이 있을 수 있다.

이렇게 해 보세요

① 잠들기 전 미리미리 바구니를 준비한다.
　엄마 : 내일 할 일은 무엇이 있을까? 내일은 어떤 수업이 있니?
　아이 : 내일은 체육 수업이 있는 날이에요.
　엄마 : 그럼 체육복을 챙겨야겠네. 미리미리 바구니에 넣어 두자. 내일 챙겨야 할 것이 또 뭐가 있지?
② 눈을 감고 다음 날 할 일을 생각하고 필요한 물건들을 생각한다.
　아이 : (눈을 감고) 내일 입을 옷과 머리끈이요.
　엄마 : 그래. 그럼 어떤 옷을 입을지 챙겨 놓자.
③ 바구니에 컵과 수건, 다이어리, 옷, 머리끈 등 필요한 물건을 준비한다.
④ 빠진 물건은 없는지 다시 눈을 감고 생각한다.

🔆 Tip

- 아이가 스스로 정한 바구니의 내용물을 부모님의 임의대로 바꾸지 않습니다.
- 아이들의 생각을 존중해 주고 잘못된 부분은 부모님의 꾸중이 아닌 경험으로 알아 갈 수 있도록 기회를 줍니다.
- 미리미리 바구니 활용법

  1단계 : 유치원 가는 준비

  어린이집에 매일 가지고 가야 하는 준비물을 자기 전에 스스로 챙겨서 바구니에 담아 놓습니다(가방, 도시락, 수저, 컵, 다이어리 등).

  2단계 : 무슨 옷을 입을까?

  아이 스스로 1단계 활동을 잘 해내면 아이가 입고 갈 옷도 직접 골라서 바구니에 미리 담아 놓게 합니다. 옷을 준비할 때는 수업에 맞추어 정해진 옷을 고르도록 도와줍니다.

  3단계 : 여행 준비도 스스로 할 수 있어요

  어린이집 가는 준비를 스스로 척척 할 수 있다면 가정에서 외출을 하거나 여행을 갈 때 아이에게 무슨 물건이 필요하며 어떤 옷을 입어야 할지 스스로 선택해서 준비하게 합니다.

  4단계 : '나'에서 '너'

  자신의 내일을 스스로 준비할 수 있는 아이는 타인의 내일도 보살필 수 있게 됩니다. 나뿐만 아니라 남을 돌아볼 수 있는 서번트 리더십의 첫걸음을 시작합니다. 어려운 친구에게 필요한 것이 무엇일지 생각해 보고 미리미리 바구니에 준비하는 활동을 해 봅니다. 더불어 사는 삶에 대해 배우고 그 속의 기쁨도 느끼게 될 것입니다.

🌱 리더십 스토리

미리미리 바구니에 넣어야 할 것은 무엇이 있을지 그림으로 그려 보아요.

3월 3주
나의 소원은?

목표가 있으면 해야 할 일이 명확해진다. 소원 상자는 아이들이 리더십을 키워 나갈 수 있는 실제 목표의 구체물이라고 할 수 있다. 아이가 리더의 개념을 잘 몰라도 자신의 꿈과 소망을 향해 나아가면 리더십을 실천할 수 있을 것이다. 4~5세의 아이들에게 너무 멀고 큰 소원은 마음에 와 닿지 않는다. 쉽게 금방 실천할 수 있는 소원을 정해 아이가 성취감을 느낄 수 있도록 하자.

이렇게 해 보세요

① 아이에게 소원이 무엇인지 물어본다.

  엄마 : 다인아, 소원이란 다인이가 '이렇게 되었으면 좋겠다' 하고 바라는 거야. 다인이는 어떤 일이 일어났으면 좋겠어?

  아이 : 아이스크림을 실컷 먹었으면 좋겠어요.

② 소원을 나타내는 그림을 아이와 함께 그리거나 잡지에서 오린다.

  엄마 : 그래? 그러면 아이스크림을 그려 볼까?

  아이 : 우와, 재밌겠다!

③ 소원 상자(A4 용지 크기의 상자)를 준비하여 아이가 꾸미도록 한다.

  엄마 : 여기 상자가 있는데 이 상자를 예쁘게 꾸며서 아이스크림 그림을 넣어 놓자.

  아이 : 왜요?

  엄마 : 다인이가 아이스크림을 사 먹을 수 있는 돈과 함께 다인이의 소원인

아이스크림 그림을 넣어 놓는 거야. 그리고 아이스크림을 사 먹을 수 있는 돈이 모이면 엄마랑 아이스크림을 사러 가자.

아이 : 돈은 어떻게 모아요?

엄마 : 엄마를 도와줄 때마다 엄마가 100원씩 줄게.

아이 : 네.

④ 소원 상자 안에 아이가 원하는 것의 그림이나 사진을 넣어 두고 그것을 이룰 수 있게 도와주는 물건들을 상자에 함께 넣는다.

Tip

- 이 활동에서 소원은 아이가 쉽게 금방 이룰 수 있는 것으로 정합니다. 갖고 싶은 것, 먹고 싶은 것, 동생과 떨어져 있기, 놀이동산에 놀러 가기, 물고기 기르기 등 실현 가능한 것으로 정합니다.
- 만약 공주가 되고 싶다거나 사자를 기르고 싶다, 캐릭터 마을에 가고 싶다는 등 실제로 이루어질 수 없는 내용의 소원을 말한다면 실제로 가능한 일이 될 수 있도록 유도합니다. 공주 분장해 주기(공주가 되기 위해 필요한 것을 소원 상자에 모으기), 사자 대신 집에서 기를 수 있는 동물 정하기(동물을 기르는 데 필요한 것을 소원 상자에 모으기) 등으로 대체합니다. 그리고 기간을 정해 두고 그 기간 안에 필요한 것들을 집에서 찾거나 주변 사람들에게 빌려서 모은 뒤 꿈을 실현할 수 있도록 도와줍니다.
- 6~7세 활동에서는 자신의 꿈에 대해 생각합니다.

▼ **리더십 스토리**

소원 상자를 만들어 보아요.

1. 나의 소원은 무엇인가요?

2. 소원 상자에 넣을 물건은 무엇이 있을까요?

3. 멋지게 만든 나만의 소원 상자를 사진으로 찍어 붙여요.

3월 4주
엄마와 함께 티타임

이제 지난 한 달간 엄마와 함께했던 리더십 활동에 대해 점검할 시간이다. '엄마와 함께 티타임(tea time)'을 가져 보자. 티타임은 아이가 좋아하는 간식을 먹으며 부드러운 음악을 틀어 놓고 다른 사람들과 편안하게 이야기하는 시간을 말한다. 리더십 교육에 꼭 필요한 대화 시간을 통해 아이가 리더십을 가진 사람으로 한 걸음 더 나아갈 수 있도록 도와주자.

이렇게 해 보세요

① 아이에게 티타임을 제안하고 대화를 하면서 마실 차를 준비한다.

　엄마 : 현서야, 엄마랑 맛있는 거 먹을까?

　아이 : 네. 좋아요.

　엄마 : 엄마는 차를 준비할게. 너는 이 쿠키를 상에 좀 놓아 줄래?

　아이 : 네.

② 딱딱한 분위기가 되지 않도록 작은 꽃병과 잔잔한 클래식 음악을 준비하고 일상적인 이야기로 대화를 시작한다.

　엄마 : 이 쿠키 정말 맛있네. 현서야, 오늘 어린이집은 어땠어?

　아이 : 지영이가 안 와서 별로 재미없었어요.

③ 아이가 의견을 자신 있게 말할 수 있도록 조용히 듣는다.

　엄마 : 한 달 동안 엄마랑 실천 약속을 정하고 미리미리 바구니도 하고 소원 상자도 만들어 봤는데 어땠어?

아이 : 재밌었어요.

엄마 : 어려운 점은 없었어?

아이 : 조금 어려웠어요. 엄마가 좀 도와주면 좋을 것 같아요.

엄마 : 그래. 그럼 엄마가 도와주고 현서가 할 수 있는 걸 조금씩 늘리도록 하자.

④ 자리를 정리하고 마무리한다.

💡 Tip

- 한 달 동안 활동이 어땠는지 솔직하게 이야기하고 앞으로 어떻게 해야 할지 생각합니다.
- 너무 어려운 주제나 단어로 말하지 말고 지난 시간에 했던 활동들의 어려웠던 점, 좋았던 점을 편하게 이야기합니다.
- 리더십 다이어리를 보며 어떻게 실천하고 지켜 왔는지 확인하고 약속했던 상을 줍니다.
- 티타임은 꼭 엄마가 아니더라도 아빠, 친구, 동생 등 아이가 이야기 나누고 싶은 상대를 정해 티타임 초청장을 만들어 진행할 수 있습니다.
- 밝고 건전한 대화 시간을 통해 아름다운 대화 문화를 익히게 하고 아이가 부드러운 분위기에서 이야기할 수 있도록 도와줍니다.

리더십 스토리

부모님과 티타임을 갖고 기분이 어땠는지 표정을 그린 다음 어떤 표정인지 이야기해 보아요.

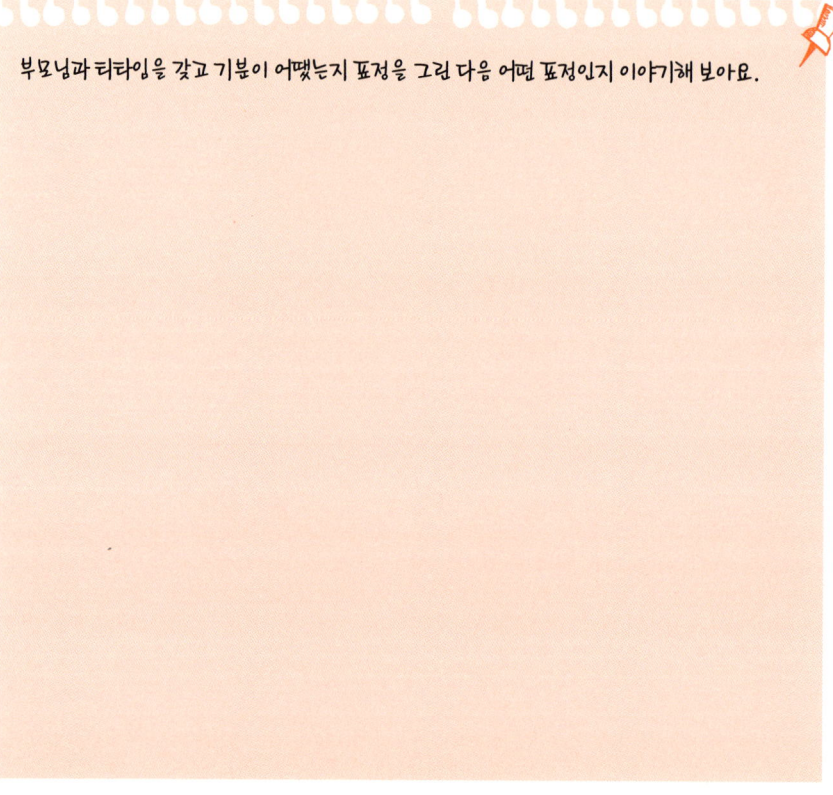

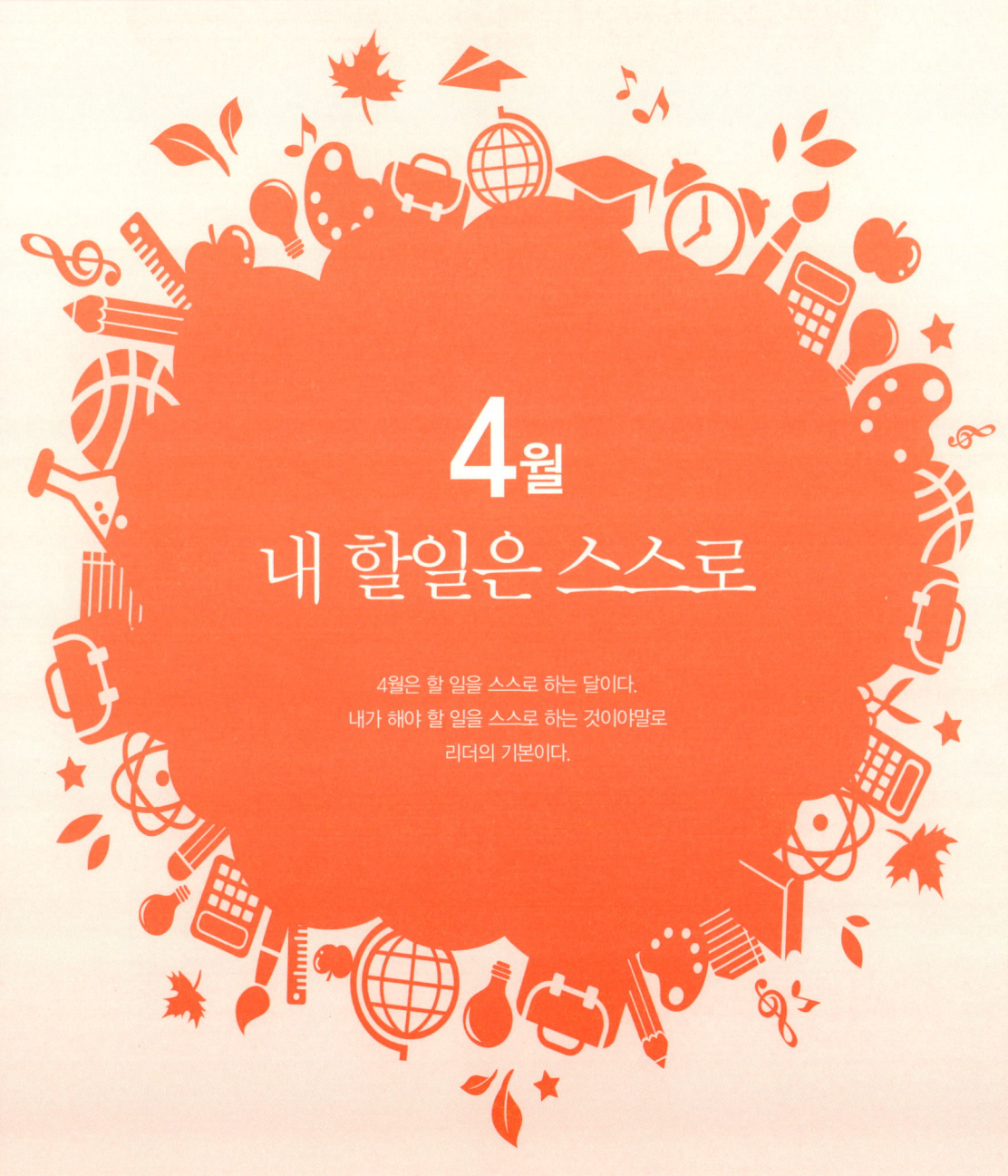

4월
내 할일은 스스로

4월은 할 일을 스스로 하는 달이다.
내가 해야 할 일을 스스로 하는 것이야말로
리더의 기본이다.

내가 씻어요

4월 1주

자신의 몸을 스스로 씻고 돌보는 일은 '셀프 리더십'을 기르는 첫걸음이다. 아이는 소중한 자신의 몸을 씻고 가꾸면서 자신에 대해 긍정적인 시각과 태도를 가지게 된다. 또한 혼자 씻기를 터득하고 반복하면 의존적인 아이가 자립적인 아이로 성장할 수 있게 될 것이다. 혼자 씻는 순서에 따라 방법을 가르쳐 준다면 훨씬 쉽게 스스로 씻을 수 있다.

이렇게 해 보세요

① 물에 젖지 않도록 옷을 걷는다.

② 손을 물에 적신 후 비누를 비벼 거품을 낸다.

③ 손바닥, 손등, 손가락 사이를 문지른다.

④ 깨끗한 물로 헹군다.

⑤ 두 손에 물을 받아 얼굴을 적신다.

⑥ 거품을 만들어 얼굴 구석구석을 문지른다.

⑦ 깨끗한 물로 헹군다.

⑧ 마른 수건으로 깨끗이 닦는다.

🍊 Tip

- 혹시 아이가 혼자 씻으려고 하지 않으면 한두 번은 엄마가 도와줄 수 있습니다. 거품 내기는 아이가 하고 물로 헹구는 것은 엄마가 도와주는 등 역할을 나누어 조금씩 도와주다가 아이가 스스로 할 수 있으면 혼자 할 수 있게 합니다.

🌱 리더십 스토리

엄마와 함께 체크해 보아요.

옷을 안 적시고 씻었나요?	
눈에 비눗물이 안 들어갔나요?	
물 온도는 잘 맞았나요?	
비눗물은 깨끗하게 헹궈 냈나요?	
귀 뒤, 목까지 구석구석 깨끗하게 씻었나요?	

4월 2주
혼자 옷 입어요

매일매일 스스로 해야 하는 중요한 일 중 하나는 혼자 옷을 입는 것이다. 아이는 혼자 옷을 입어 봄으로써 자립심과 독립심을 키울 수 있다. 또한 옷을 입는 일은 자신을 돌보고 꾸미며 때와 장소에 맞게 옷을 고르고 입을 줄 아는 판단력을 기르게 한다.

🕐 이렇게 해 보세요

① 속옷을 입는다(팬티와 러닝셔츠).
- 팬티 : 팬티의 양끝을 양손으로 잡고 다리 넣는 곳에 차례차례 다리를 넣어 엉덩이까지 올려 입는다.
- 러닝셔츠 : 머리 넣는 구멍을 찾아 양손으로 구멍을 넓게 벌려 잡고 머리를 집어넣는다. 두 팔을 양쪽 구멍으로 빼고 셔츠를 내려 단정하게 입는다.

② 하의를 입는다(바지 또는 치마).
바지의 양끝을 양손으로 잡고 오른쪽 다리와 왼쪽 다리를 차례차례 넣은 다음 엉덩이까지 올려 입는다(치마의 경우는 두 다리를 한꺼번에 넣으면 된다).

③ 상의를 입는다.
러닝셔츠를 입을 때처럼 머리 넣는 구멍으로 머리를 넣고 양팔을 뺀다.

④ 양말을 신는다.

⑤ 옷에 맞는 모자나 액세서리가 있으면 착용한다.

⑥ 마지막으로 거울을 보고 자신의 모습을 점검한다.

💡 Tip

- 혼자 옷 입기를 할 수 있다면 혼자 신발 신기도 해 봅니다.
    1. 오른쪽, 왼쪽 신발을 구분할 수 있도록 신발 안쪽에 스티커를 붙여 주고 맞추도록 한다.
    2. 발 앞쪽을 신발 안으로 깊숙이 밀어 넣는다.
    3. 발뒤꿈치를 눌러 넣는다.
- 혼자 옷 입기가 어려운 아이는 엄마가 다리만 끼워 주고 올리는 일은 아이가 하거나 조금씩 혼자 할 수 있도록 도와줍니다.

🔽 리더십 스토리

잡지에서 예쁜 옷을 골라 오려 붙이거나 색종이로 옷을 만들어 붙여 보아요.

4월 3주

잠자리를 정리해요

하루를 시작하면서 제일 먼저 자신이 자고 일어난 자리를 정리하는 일은 평생 이어지는 습관이 된다. 이는 단순히 정리의 의미를 넘어서 그날 하루를 차분하고 계획성 있게 진행하는 데 큰 도움이 될 수 있다. 또한 기분 좋은 하루를 시작하기 위한 첫 번째 스스로 할 일이다.

이렇게 해 보세요

① 아침에 눈을 뜨면 기지개를 켠다.
② 떨어진 머리카락이 없는지 살펴본다.
③ 지저분한 것이 발견되면 모아서 버린다.
④ 이불을 넓게 펴 반을 접고 또 반을 접는다.
⑤ 베개를 정돈하고 침대(또는 요)의 모양을 바로잡는다.

Tip

- 이불 개기, 침대 정리하기는 아이가 처음부터 혼자 하기 어려운 과제입니다. 베개만 장롱에 넣기, 이불 개기, 이불 개어서 장롱에 넣기 등 단계별로 도와주면 아이가 훨씬 쉽게 적응할 수 있습니다.
- 이불을 삐뚤빼뚤 개더라도 아이 혼자 할 수 있도록 지켜보고 도움을 요청할 때까지는 스스로 하도록 둡니다. 이불을 똑바로 잘 갤 수 있게 되면서 아이의 마음도 자라게 됩니다.

- 이불 개는 방법

  1. 두 손으로 이불의 양쪽 끝을 잡고 2번 탁탁 두들겨 턴다.
  2. 침대 위에 이불을 펼치고 양쪽 모서리를 맞추어 포갠다.
  3. 반으로 접은 이불을 다시 한 번 양쪽 모서리를 맞추어 포갠다.
  4. 왼손으로 베개를 잡고 오른손으로 탁탁 두들겨 턴다.
  5. 침대 위에 접은 이불과 베개를 가지런히 놓는다.

리더십 스토리

엄마와 함께 이부자리를 정리하면 좋은 점을 생각해서 적어 보아요.

내가 먹은 그릇은 내가

4월 4주

4~5세는 올바른 식습관을 길러야 하는 나이이다. 스스로 예의 바르게 먹는 것도 중요하지만 자기가 사용한 식기를 정리하고 씻으면서 책임감과 자립심을 기를 수 있다. 리더십은 앞에 나서서 좋은 일만 하는 것이 아니라 뒷정리, 마무리까지 깨끗이 하면서도 길러질 수 있다는 것을 기억하자.

🕐 이렇게 해 보세요

① 앞치마를 두르고 고무장갑을 착용한다(고무장갑이 없으면 소매를 걷어 물에 젖지 않도록 한다).
② 내가 사용한 도시락, 컵, 숟가락과 젓가락, 포크 그 외 식기 도구들을 싱크대에 넣는다.
③ 물을 뿌려 촉촉하게 물기가 묻게 한다.
④ 수세미에 세제를 묻혀 거품을 만든다.
⑤ 거품이 일어난 수세미로 식기와 도구를 문질러 청결하게 한다.
⑥ 물을 틀어 거품을 깨끗하게 씻어 낸다.
⑦ 설거지한 그릇을 엎어서 정리하여 물기를 말린다.
⑧ 설거지 후 사용했던 수세미를 깨끗이 빨아 거품을 없앤다.
⑨ 설거지하며 묻은 물을 행주로 말끔히 닦아 주변을 정리한다.

5월
가족과 함께

5월은 가정의 달이다. 가족과 함께하는 활동을 통해 가족에게 의존하는 것이 아니라 가족 안에서 내 역할을 찾아 '가족 안에서의 리더'로서 활동할 수 있도록 도와주자.

5월 1주
가족 신발 정리

처음에 온 가족을 위해 봉사하는 마음으로 신발 정리를 시작한다. 그다음에 함께 살고 있는 가족들을 위해 아이가 자기 역할을 자연스럽게 찾아 행할 수 있게 도와준다. 리더십의 시작은 '나'를 위하는 마음과 동시에 '다른 사람'을 위해 무언가를 한다는 마음도 포함된다. 이런 마음은 가족을 위하는 마음에서부터 시작할 수 있다.

이렇게 해 보세요
① 신발에 묻은 먼지나 때를 살살 털어낸다.
② 신발 한 쌍을 가지런히 모아 둔다.
③ 다시 신발을 신을 때 편하도록 신발 방향을 결정한다.
④ 여러 신발이 있는 경우에는 먼저 나가는 사람의 신발을 가장자리에 둔다.
⑤ 신발 정리 후 반드시 손을 닦아 청결하게 한다.

Tip
- 신발 정리하는 아이의 모습을 보고 칭찬과 격려로 응원하여 아이가 실천 의욕을 더욱 높일 수 있도록 도와줍니다.
- 아이가 스스로 가족들의 신발을 정리하는 행동을 통해 성취감을 느낍니다.
- 아빠, 엄마, 동생, 내 신발을 종이 위에 올려놓고 색연필로 따라 그리면서 가족 안에서의 나의 위치를 생각해 보고 가족 구성원과 친밀함을 느낄 수 있습니다.

5월 2주

효도 쿠폰 만들기

어린아이들은 '효도'가 무엇인지 잘 모를 수 있다. 이런 아이들에게 어떻게 하면 엄마, 아빠에게 잘해 줄 수 있을지, 엄마, 아빠를 기쁘게 하는 일은 뭐가 있는지 생각해 보는 기회를 갖게 하자. 효도 쿠폰을 만들고 실천하면서 가족 간의 사이가 더 좋아지고 부모님에게 감사하는 시간을 가질 수 있도록 하자.

🕐 이렇게 해 보세요

① 효도란 무엇인지 생각해 본다.

　엄마 : (달력을 보고) 5월 8일은 어버이날이야. 우리 소영이를 길러 주고 낳아 준 엄마, 아빠에게 감사하고 부모님을 기쁘게 해 주는 날이란다. 엄마, 아빠는 할아버지, 할머니에게 감사하고 기쁘게 해 드려야겠지. '효도'라는 말이 있는데 부모님을 기쁘게 하고 사랑하고 부모님에게 잘해 준다는 뜻이야.

② 효도 쿠폰이 무엇인지 이야기해 준다.

　엄마 : 어버이날을 맞아 효도 쿠폰을 만들어 볼까?

　아이 : 그게 뭐예요?

　엄마 : 엄마, 아빠를 기쁘게 해 주는 쿠폰이야.

③ 효도 쿠폰에 들어갈 내용을 생각한다.

　엄마 : 소영아, 엄마, 아빠가 어떨 때 기뻐하는 것 같아?

　아이 : 내가 밥 잘 먹을 때나 동생 잘 볼 때?

　엄마 : 그래. 그럼 쿠폰 한 장에 '동생 돌보기'를 써 볼까?

④ 효도 쿠폰 10장을 함께 만든다.
⑤ 부모님에게 효도 쿠폰을 선물하고 실천 사항을 행동으로 옮길 수 있도록 한다.
⑥ 아이를 안아 주고 뽀뽀해 주면서 귓속말로 칭찬해 준다.

💡 Tip
- 효도 쿠폰의 내용은 아이의 능력 내에서 실천 가능한 것으로 정합니다.
- 아직 스스로 할 수 있는 활동들이 적은 아이들이니 작은 활동에도 칭찬과 사랑의 표현으로 아이들에게 자신감을 주고 아이들이 준비한 효도 쿠폰을 자랑스럽게 생각해 줍니다.
- 부모님을 사랑하는 방법을 알게 하는 계기가 되고 부모님을 공경하는 습관을 익히게 될 것입니다.

리더십 스토리

빈칸을 채워 쿠폰을 만들어 보아요.

사랑의 안마	
구두 닦기	
사랑의 뽀뽀	
심부름하기	
밥상 차리기 돕기	

5월 3주

1인 콘서트

리더십은 다른 사람 앞에서 스스로를 자신 있게 보여 줄 수 있는 데에서 길러진다. 가족과 함께 즐거운 시간을 보내면서 아이가 자기 자신을 마음껏 보여 줄 수 있는 시간을 만들어 주자. '1인 콘서트'를 열어 아이의 자신감을 키우고 아이가 다른 사람 앞에 서는 것에 익숙해질 수 있도록 도와주자.

이렇게 해 보세요

① 발표회를 했던 경험에 대해 이야기 나누고 아이가 발표하고 싶은 내용을 정한다.

엄마 : 현서는 발표회를 한 적이 있니?

아이 : 아니요.

엄마 : 전에 할아버지 댁에서 친척들 앞에서 노래한 적 있었잖아.

아이 : 네. 맞아요.

엄마 : 노래나 또 다른 것, 현서가 잘하는 것이나 사람들 앞에서 보여 주고 싶은 것 있어?

아이 : 난 얼마 전에 배운 탬버린 연주를 할래요.

→ 노래, 춤, 악기 연주 등을 할 수 있다.

② 1인 콘서트를 위해 준비해야 할 것들을 생각한다.

엄마 : 그럼 현서가 1인 콘서트를 하기 위해 준비해야 할 것은 무엇일까?

현서 : 탬버린이요. 멋진 옷도 있으면 좋겠어요.

엄마 : 그래. 멋진 무대도 준비하면 좋겠다.
→ 마이크, 초대장, 순서지, 옷, 플래카드 등을 재미있게 준비한다.
③ 콘서트에 필요한 준비물을 함께 만들고 콘서트 날짜를 정해 가족, 친구들이 모인 날 콘서트를 연다.

💡 Tip

- 가정의 달 5월에는 가족들이 모이는 날이 많습니다. 가족들이 모인 날 콘서트를 열어 봅니다.
- 리더십과 발표력은 타고나는 것이 아니라 연습해서 키워 가는 능력입니다. 아이에게 주인공이 될 기회를 준비해 줍니다. 여러 사람 앞에서 노래, 춤 등을 보여 주고 칭찬을 받는다면 자신감과 발표력이 향상될 것입니다.

리더십 스토리

_____ 의 1인 콘서트

공연할 내용	필요한 소품	기타

5월 4주
식탁 예절을 배워요

예의 바른 사람으로 성장하는 것은 나와 다른 사람을 위한 필수 조건이다. 특히 매일 함께 얼굴을 보며 밥을 먹는 시간의 식탁 예절은 모든 예절의 기본이라 할 수 있다. 또한 가장 가까운 사람인 가족과 함께 지켜야 할 예의를 배우고 습관화해야 한다. 아이가 가족과 함께 식사를 하고 예절을 지킬 줄 안다면 이 시대의 진정한 리더로 자라나게 될 것이다.

이렇게 해 보세요

① 먼저 식탁 예절에 대해 이야기 나눈다.
- 어른에게 "먼저 드세요."라고 말하고 식사 전에 "잘 먹겠습니다." 하고 인사한다.
- 제일 어른이 숟가락을 든 다음에 식사한다.
- 밥공기와 국그릇, 반찬 그릇 놓는 위치를 알고 소리가 나지 않게 한다.
- 식사를 하며 이야기를 할 경우 목소리를 너무 크지 않게 하여 가족 간의 대화에 참여한다.
- 식사 시간에 돌아다니지 않고 제자리에 앉아서 끝까지 밥을 먹는다.
- 식사 후에 "잘 먹었습니다."라고 인사한다.
- 내가 먹은 그릇과 수저를 싱크대에 넣는다.

② 시간과 날짜를 정해서 가족이 모두 모여 식사한다.
③ 식탁 예절을 지켜 즐겁게 식사한다.

💡 Tip

- 다음 주의 사항을 지켜 즐거운 식탁 예절이 될 수 있도록 한다.

    1. 입을 꼭 다물고 예쁘게 씹어요.
    2. 소금 좀 건네주시겠어요? 고맙습니다.
    3. 팔꿈치를 식탁에 올리지 말아요.
    4. 음식을 남기면 쓰레기가 늘어요.

🌱 리더십 스토리

실천 목록에 ○ 표시를 해 보아요.

1. 수저 놓는 걸 도와주었다.

2. 어른에게 "먼저 드세요."라고 이야기했다.

3. 식사 전 "잘 먹겠습니다."라고 이야기했다.

4. 식사 후 "잘 먹었습니다."라고 이야기했다.

6월
성장하기

6월의 주제는 '성장하기'로 몸과 마음이 성장할 수 있는 프로그램으로 구성되어 있다. 몸과 마음을 튼튼하고 건강하게 성장시키는 시간을 가져 보자.

6월 1주

베갯머리 10분 독서

매일 아침 10분간 독서하는 습관은 하루를 시작하는 아이에게 차분한 마음으로 하루 일과를 준비할 수 있는 여유를 준다. 또한 스스로 책을 읽는 습관은 주도적으로 하루를 시작할 수 있게 해 주므로 리더십을 기르는 데에 매우 중요한 활동이다.

⏰ 이렇게 해 보세요

① 잠자리에 들 때 읽을 책을 준비해 베개 옆에 둔다.
② 아침이 되어 잠에서 깬다.
③ 베개 옆에 준비된 책을 10분간 읽는다.
④ 10분간 읽은 페이지를 표시해 둔다.
⑤ 위 ①~④의 내용을 매일 반복한다.
⑥ 매일 책을 읽는 시간을 갖는 것이 습관이 된다.

💡 Tip

- 아이가 독서를 즐기며 독서가 습관이 될 수 있도록 해 주고 책의 종류는 아이의 선택을 존중하되 다양하게 고를 수 있도록 도와줍니다.
- 아이가 가장 좋아하는 책을 찾아 소개할 수 있도록 도와주고 다음 표에 체크하여 실천합니다.

🔻 리더십 스토리

10분 독서를 실천해 보아요.

요일	책 제목은 무엇인가요?	책을 읽었나요?	책을 읽은 후 나의 느낌은 어땠나요?
월			
화			
수			
목			
금			
토			
일			

올바른 식습관 규칙

　자신의 몸을 사랑하고 튼튼하게 하는 것은 셀프 리더십의 기본 자세다. 아직 어린아이들에게는 음식의 필요성과 중요성에 대해 수시로 알려 주는 것이 중요하다. 음식에는 우리 몸에 필요한 영양분이 들어 있음을 알고 건강해지기 위해 음식을 골고루 먹는 태도를 기를 수 있도록 한다.

이렇게 해 보세요

① 엄마와 함께 올바른 식습관을 위한 규칙에 대해 알아본다.

　엄마 : 우리 다영이가 건강하게 자라기 위해서는 어떻게 해야 할까?

　아이 : 밥도 잘 먹고 잘 놀고…….

　엄마 : 맞아. 밥을 잘 먹기 위해서는 알아 두어야 할 것들이 있어.

　아이 : 그게 뭔데요?

　엄마 : 엄마랑 함께 맛있고 건강하게 밥 먹기 약속을 알아보고 지켜 보자.

　[올바른 식습관 규칙]

- 정해진 시간에 먹기 : 정해진 식사 시간(아침 - 7시 반, 점심 - 12시, 저녁 - 6시)에 밥을 먹어요. 식사 시간 동안 먹지 않으면 다음 식사 시간까지는 아무것도 먹을 수 없어요.
- 식사 시간에는 식사만 하기 : 음식을 먹을 때는 텔레비전을 보거나 장난감을 가지고 놀 수 없어요.
- 즐겁게 식사하기 : 엄마는 배가 불러 먹지 않으려는 아이에게 억지로 먹이

지 않고 맛있고 즐겁게 식사할 수 있도록 도와줘요.
- 새로운 음식은 서서히 시도하기 : 하루에 한 가지 혹은 일주일에 한 가지 새로운 음식을 먹어 봐요. 먹지 않아도 엄마는 혼내지 않아요.
- 지저분하더라도 혼자 먹기 : 스스로 밥을 먹도록 해요.

② 규칙을 함께 읽고 아이와 함께 더 지켜야 할 규칙이 있는지 생각하고 적는다.
③ 규칙을 써서 벽에 붙여 놓고 지키도록 한다.

💡 Tip
- 편식하는 아이는 신경질적인 기질을 가지게 되거나 자율 신경이 불안정해질 수 있으므로 음식을 골고루 먹을 수 있도록 도와줍니다.
- 부모가 먹는 양이나 식사 방법에 집착하여 신경 쓰고 화를 내면 아이는 식사 시간에 더욱 거부감을 느낄 수 있으므로 여유롭고 편안한 마음가짐으로 식사하도록 합니다.
- 아이와 함께 올바른 식습관 규칙을 정하고 지켜봅니다.

🌱 리더십 스토리

내가 좋아하는 음식과 싫어하는 음식은 무엇인지 광고나 잡지를 오려 붙여 보아요.

내가 좋아하는 음식	내가 싫어하는 음식

우리 몸에 좋은 음식과 나쁜 음식은 무엇인지 광고나 잡지를 오려 붙여 보아요.

우리 몸에 좋은 음식	우리 몸에 나쁜 음식

6월 3주

소중한 내 몸을 지켜요

범죄 전문가들은 아동을 대상으로 하는 범죄의 피해를 최소한으로 줄이는 방법은 예방 교육이라고 말한다. 위험 상황으로부터 아이를 지키기 위해서는 아이가 위험한 상황을 인지하도록 하고 자기 몸을 스스로 지킬 수 있도록 가르쳐야 한다. 내 몸의 소중함을 알고 지킬 수 있는 힘을 기르는 것은 셀프 리더십의 중요한 요건이다.

이렇게 해 보세요

① 위험한 상황에 대해 아이와 함께 이야기 나눈다.

엄마 : 도연아, 도연이가 엄마, 아빠와 떨어져 있을 때 다치거나 위험에 빠질 수 있는 일에는 어떤 것이 있을까?

아이 : 위험한 거나 뜨거운 것을 만지는 거요.

엄마 : 그렇지. 그런데 혹시 유치원이나 길에서 엄마, 아빠 없이 도연이 혼자 있을 때 다른 사람들이 도연이를 괴롭힐 수도 있어.

아이 : 왜요?

엄마 : 세상에는 착한 사람뿐만 아니라 나쁜 사람도 있거든.

② 유괴 상황에 대해 이야기해 준다.

엄마 : 도연이에게 맛있는 것을 사 주겠다며 같이 가자고 한다거나, 엄마 친구라면서 데리고 간다거나 하면 절대 따라가면 안 돼.

아이 : 왜요?

엄마 : 나쁜 사람이 도연이를 데리고 가서 엄마, 아빠를 못 만나게 할 수도 있거든. 놀이터에서 놀 때 엄마, 아빠나 선생님이 항상 옆에 있겠지만 혹시 혼자 있을 때 그런 일이 생기면 얼른 엄마, 아빠, 선생님에게 말해야 해.

아이 : 네.

③ 폭행 상황에 대해 이야기해 준다.

엄마 : 그리고 어떤 사람이 혹은 친구라도 너의 몸을 함부로 만지게 해서는 안 돼. 기분 나쁘면 "싫어! 하지 마!"라고 크게 말해야 하는 거야.

아이 : 네.

④ 납치, 유괴, 성폭행 등의 위험한 상황을 인지하도록 지도하며 상황별 대처법을 실천한다.

엄마 : 위험한 상황 대처 연습해 볼까? "살려 주세요! 도와주세요!" 하고 크게 외쳐 보자. 엘리베이터의 비상 호출 버튼을 찾아보자. '위험한 사람'은 어떤 사람인지 생각해 보자. 그럼 어떤 게 위험 상황인지, 어떻게 해야 하는지 알려 줄게.

[상황별 대처법]

이것 좀 먹어 볼래? - 아니요 됐어요.

이거 최신형 게임기인데 너 줄까? - 필요 없어요.

102동이 어디야? 아저씨가 모르는데 가르쳐 줄래? - 전 잘 몰라요.

집까지 태워다 줄게. - 부모님께 물어볼게요.

⑤ 〈늑대와 일곱 마리 아기 염소〉 동화를 들려주고 염소와 늑대 막대 인형을 통해 위험 상황을 연습한다.

리더십 스토리

늑대와 일곱 마리 아기 염소

옛날에 엄마 염소와 아기 염소 일곱 마리가 살았어요. 어느 날 엄마 염소는 먹을 것을 구하러 숲으로 갔어요. 가기 전에 엄마 염소는 "변장을 잘하는 늑대를 조심해야 한다."라고 말했어요. 아니나 다를까 늑대가 나타나 "엄마다. 문 열어라."라고 했어요. 아기 염소들은 "목소리가 거칠어요. 우리 엄마가 아니에요."라고 했어요. 늑대는 고운 목소리를 만들었어요.
"엄마다, 문 열어라."
"앞발을 내밀어 보세요. 우리 엄마 앞발은 하얀색이에요."
늑대는 발에 밀가루를 뿌리고 발을 내밀었어요. 하얀 앞발을 본 아기 염소는 엄마라 생각하고 문을 열어 줬어요. 늑대가 들어온 것을 본 아기 염소들은 깜짝 놀라 집 안 구석구석에 숨었어요. 하지만 늑대는 아기 염소들을 모두 찾아 잡아먹었어요. 시계 안에 숨어 있던 막내 염소만 빼고요. 집에 돌아온 엄마에게 막내 염소가 이 사실을 다 말했어요. 그때 집 앞에서 잠들어 있는 늑대를 발견했어요. 엄마 염소는 가위로 늑대 배를 가르고 아기 염소들을 모두 구해 내고 늑대 뱃속에 돌멩이를 가득 채워 놓은 후 꿰맸답니다. 잠에서 깨어 물을 먹으려던 늑대는 배가 무거워 그만 연못에 빠져 죽고 말아요.

6월 4주
나의 여러 가지 감정

감성 리더십이 있는 사람은 자신의 감정을 잘 읽고 표현할 줄 알고 다른 사람의 감정도 잘 읽고 이해해 줄 수 있는 사람이다. 사람의 여러 가지 감정을 읽고 표현하는 방법을 알아보면서 감성 리더십을 길러 보자.

이렇게 해 보세요

① 사람은 상황이나 기분에 따라 여러 가지 감정의 종류를 가질 수 있다는 것을 이야기로 나눈다.

  엄마 : (동화책을 꺼내 보며) 이 아이는 어떤 기분일 것 같아?
  아이 : 웃고 있으니 기분이 좋은 것 같아요.
  엄마 : 맞아. 이 아이는?
  아이 : 화난 것 같아요.
  엄마 : 맞아. 이렇게 사람들은 여러 가지 감정을 가질 수 있단다.

② 나는 상황에 따라 여러 가지 감정이 느껴질 때 어떻게 표현할 수 있을지 이야기해 본다(말, 그림, 글 또는 표정, 행동 등으로 표현한다).

  엄마 : 다연이는 화가 나면 어떻게 해?
  아이 : 소리를 질러. 울기도 하고.
  엄마 : 맞아. 또 좋아하는 사람에게 편지를 쓰거나 그 사람을 안아 줄 수도 있지.

③ 감정을 느낄 수 있는 상황(칭찬하기, 혼내기, 선물 받기, 힘든 일하기, 동화책 읽

기, 친구와 놀기 등)을 만들어 주고 ②의 표현 방법 중 하나를 골라 표현해 보도록 한다.

④ 나의 감정을 나타낼 수 있는 표현들을 함께 읽어 보고 긍정적인 감정 표현을 할 수 있도록 노력한다.

[긍정적 · 부정적 감정 표현 언어]

- 긍정적인 감정 표현 언어 : 좋다, 기쁘다, 행복하다, 포근하다, 설레다, 짜릿하다, 뭉클하다, 멋있다, 근사하다, 통쾌하다, 시원하다, 날아갈 것 같다, 든든하다, 감격스럽다, 감사하다, 유쾌하다, 따뜻하다, 대단하다 등
- 부정적인 감정 표현 언어 : 속상하다, 분하다, 억울하다, 서운하다, 섭섭하다, 슬프다, 아쉽다, 실망스럽다, 외롭다, 불안하다, 초조하다, 무섭다, 야속하다, 짜증난다, 답답하다, 후회스럽다 등

💡 Tip

- 평소에도 부모님이 아이의 감정을 읽고 표현해 줍니다. 이는 아이가 자신의 감정을 알고 표현하는 데 많은 도움이 됩니다(우리 ○○이가 마음이 많이 아팠겠구나, 속상했구나, 화가 났구나, 기뻤구나 등).
- 동화책을 이용해서 여러 가지 감정을 읽어 보는 활동을 합니다.

리더십 스토리

일주일 동안 하루 중 제일 많이 느꼈던 감정을 표현해 보아요.

요일	감정	이유
월		
화		
수		
목		
금		
토		
일		

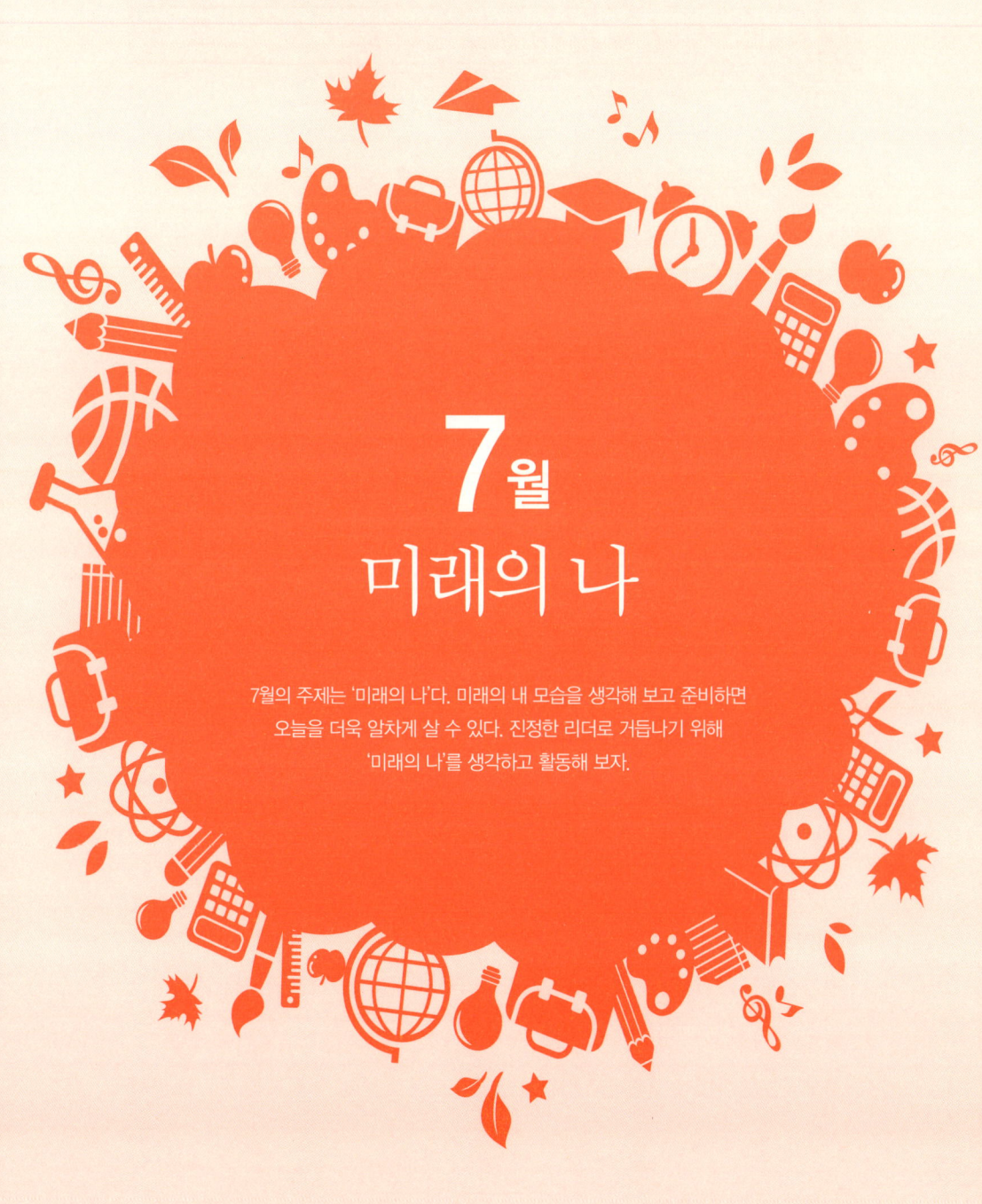

7월
미래의 나

7월의 주제는 '미래의 나'다. 미래의 내 모습을 생각해 보고 준비하면 오늘을 더욱 알차게 살 수 있다. 진정한 리더로 거듭나기 위해 '미래의 나'를 생각하고 활동해 보자.

7월 1주

자기 소개하기

아직 자아 정체감이 확립되지 않은 아이들에게 스스로에 대해 알아보고 자신을 소개하는 활동은 매우 중요하다. 부모님과 함께 자기 자신에 대해 알아보고 생각해 보는 시간을 가지자. 또한 아이가 자기소개문을 작성하고 발표하면서 다른 사람 앞에 설 수 있는 자신감을 가질 수 있도록 도와주자.

⏰ 이렇게 해 보세요

① 자신을 소개할 수 있는 여러 가지 특징의 목록을 정해 소개문을 작성한다 (이름, 사는 곳, 나이, 다니는 유치원 이름, 좋아하는 음식, 좋아하는 동물, 잘하는 것, 좋아하는 것, 가족 관계 등).
② 엄마, 아빠가 읽어 주고 아이가 따라 말해 본다.
③ 아이 혼자 엄마, 아빠 앞에서 말해 본다.
④ 발표하는 자세를 가르쳐 준다(시선은 사람들을 쳐다보고 손은 자연스럽게 차렷 자세).
⑤ 할아버지, 할머니, 이모 등 가까운 친척들 앞에서도 말해 본다.

💡 Tip

- 자기소개문은 아이의 수준에 맞게 다섯 가지 항목을 넘기지 않도록 합니다.
- 글을 아직 읽고 쓸 수 없는 아이는 부모님이 도와줍니다.
- 부모님들은 아이가 씩씩하고 당당하게 스스로를 소개할 수 있도록 가족들 앞에

서는 법을 알려 줍니다. 그리고 항상 응원과 격려로 아이에게 힘을 줍니다. 칭찬으로 자신감을 얻은 아이들은 자신을 자랑스럽게 소개할 수 있을 것입니다.

🔻 리더십 스토리

자기소개문을 작성해 보아요.

1. 이름

2. 사는 곳, 나이

3. 좋아하는 음식, 동물

4. 잘하는 것

5. 좋아하는 것

6. 나의 꿈

7월 2주

작은 선생님

선생님의 역할에 대해 생각해 보고 1일 선생님이 되어 자신이 가르쳐 줄 수 있는 것을 찾아 다른 사람을 가르쳐 본다. 누군가를 가르치는 경험은 아이에게 자신감을 안겨 주고 아이가 무엇인가를 배우는 데 더욱 의욕을 가질 수 있게 해 준다. 또한 리더로서의 경험을 할 수 있는 기회가 되기도 한다.

⏰ 이렇게 해 보세요

① 아이가 자신 있는 분야에 대해 이야기를 나눈다(식사 기도하기, 블록 쌓기, 그림 그리기 등).

  엄마 : 우리 지윤이는 제일 잘하는 게 뭐야?
  아이 : 노래하기요.
  엄마 : 그래? 그럼 어떻게 하면 노래를 잘할 수 있는지 가르쳐 줄래?

② 가르쳐 줄 대상을 정한다.

  엄마 : 누구한테 가르쳐 주면 좋을까?
  아이 : 동생한테 가르쳐 주면 좋을 거 같아요. 동생은 아직 노래를 잘 못하잖아요.
  엄마 : 그게 좋겠네.

③ 한 주 동안 작은 선생님 되기를 실천한다.

④ 아이가 동생을 가르치고 나면 잘했다고 칭찬한다.

💡 Tip

- 이 활동은 자신의 지식을 타인과 함께 나누는 실천을 통하여 지식의 사회적 활용법을 익히는 데 의의가 있습니다.
- 형제자매가 없는 외동아이들은 옆집 동생, 다른 반 동생을 가르쳐 줄 수 있습니다. 외동아이가 동생을 가르쳐 보면 공부에 대한 성취감은 물론 협력하며 대화하는 사회성까지 기를 수 있게 됩니다. 꼭 동생이 아니더라도 다른 가족에게 자신이 잘하는 것을 가르칠 수 있습니다.
- 한 주간의 활동이 끝나면 그 보상으로 교육비를 주는 것도 좋습니다. 성취감과 보람을 느끼고 그 가치를 금전적으로 보여 줄 수 있기 때문입니다. 아이들에게 적정한 수준의 교육비를 책정해 주면 아이들의 경제관념과 책임감이 동시에 발달할 수 있습니다.

🌱 리더십 스토리

내가 잘하는 것과 방법을 적어 보아요.

내가 잘하는 것	잘하는 방법

내가 잘하는 것을 가르치는 방법을 엄마와 함께 잡지에서 찾아서 붙이거나 그림으로 그려 보아요.
(엄마가 글자로 적어 줘도 좋아요).

7월 3주

동화 구연

동화 구연은 책을 읽고 완전히 이해한 후에 가능한 활동이다. 아이가 한 가지 책을 여러 번 읽고 연습하는 가운데 책을 제대로 읽는 방법을 터득할 수 있게 된다. 또한 동화 구연을 통해 이해한 내용과 감정을 전달하고 표현하는 연습도 할 수 있다. 리더로서 갖춰야 할 조건 중 하나인 말을 조리 있게 하고 잘 표현할 수 있는 능력을 길러 주는 활동이다.

이렇게 해 보세요

① 리더십 다이어리에 실천 과제를 적는다.
- 바른 자세로 동화 읽기
- 동화 큰 소리로 읽기
- 동극 가면 만들기
- 역할극 하기(다른 역할도 해 보기)
- 친구들 앞에서 동화 읽기

② 연령에 맞고 역할극 하기 좋은 동화를 선정한다.
③ 어떤 역할을 할지 정한다.
④ 역할에 맞는 가면을 부모님과 함께 만든다.
⑤ 가면을 쓰고 역할극을 한다.
⑥ 역할극을 한 뒤 어땠는지 느낌을 말한다.

💡 Tip

- 동화 구연의 기초는 독서 능력입니다. 아이가 평소에 책을 가까이하고 자주 읽는 생활을 할 수 있게 도와줍니다.
- 아이의 연령에 맞게 등장인물이 2~3명 정도 나오는 짧은 동화를 정해서 놀이합니다.
- 아이가 내용과 감정 전달을 잘하는 연습을 할 수 있게 도와줍니다.

🌿 리더십 스토리

내가 동화 구연한 동화책의 표지를 그려 보아요.

7월 4주

꿈 발표회

　자신의 꿈에 대해 생각해 보고 미래를 그리며 꿈 발표회를 가져 보자. 아이가 자신의 꿈을 생각하고 구체적으로 그릴 수 있는 기회를 주고 그것을 가족과 친구들에게 이야기하면서 어렸을 때부터 미래를 계획하는 마음가짐을 가지게 할 수 있다.

🕐 이렇게 해 보세요

① 나의 꿈이 무엇인지 생각해 보게 한다(4세의 경우 무슨 말일지 잘 모를 때에는 동화나 만화 캐릭터 혹은 가족 등 아는 사람 중에서 고르게 한다. 어떤 사람이 되고 싶은지, 왜 되고 싶은지 등을 질문한다).

엄마 : 현서는 커서 어떤 사람이 되고 싶어?

아이 : 난 폴리(만화 캐릭터)가 되고 싶어요.

엄마 : 폴리처럼 사람들을 도와주는 경찰관?

아이 : 네.

엄마 : 왜 폴리가 되고 싶은데?

아이 : 멋있잖아요.

② 내가 커서 되고 싶은 사람은 어떤 사람인지 알아본다.

③ 가족들이나 친구들 앞에서 꿈을 이야기하는 시간을 갖는다.

　제대로 된 발표회가 될 수 있도록 아이가 단상 같은 곳에 올라가서 바른 자세로 발표할 수 있도록 도와준다.

💡 Tip

- 4~5세 아이에게 커서 무엇이 되고 싶은지, 어떤 사람이 되고 싶은지 물어보면 만화 캐릭터나 사자, 호랑이 같은 동물이라는 대답이 나오기도 합니다. 이럴 때에는 그것을 현실에 맞게 바꿔 줌으로써 꿈을 구체적으로 그려 볼 수 있도록 합니다. 사자, 호랑이라고 하면 "힘센 사람?" "왜 사자가 되고 싶은데?"라고 질문할 수 있습니다.
- 꿈이 무엇인지 정해졌다면 그 꿈에 대해 아이와 함께 알아보도록 합니다. 경찰관이라면 경찰이 나오는 동화책을 읽고 발레리나라면 발레리나에 관련된 책을 읽거나 인터넷을 찾아봅니다.

🔽 리더십 스토리

나의 꿈을 그림으로 그리거나 관련된 것들을 잡지에서 오려 붙여 보아요.

8월
나라 사랑

3월부터 8월까지는 셀프 리더십을 기를 수 있는 프로그램으로 구성되어 있다.
8월에는 셀프 리더십 중에서 '정체성'을 찾아보는 활동을 한다.
우리나라에 대해 알아보고 우리나라 놀이를 하면서 어릴 때부터
정체성과 민족성을 가질 수 있도록 도와주자.

8월 1주
우리나라의 상징, 무궁화

4~5세의 아이들에게는 '나라'라는 추상적인 개념보다 '무궁화, 한복' 등 구체적인 사물을 통해 우리나라를 느끼고 배울 수 있도록 도와주어야 하므로 상징을 통해 알아보는 활동으로 구성된다. 무궁화를 그려 봄으로써 우리 민족의 상징에 대해 알아보자.

이렇게 해 보세요

① 아이와 함께 무궁화에 대해 이야기 나눈다.

엄마 : 무궁화를 본 적이 있니?

아이 : 아니요.

엄마 : (무궁화 사진이나 그림을 보여 주며) 무궁화는 이렇게 생긴 꽃인데 우리나라를 나타내는 꽃이야.

아이 : 예뻐요.

엄마 : 무궁화는 주로 여름에 피고 분홍색, 흰색, 보라색 등 색깔이 다양하단다. 우리 무궁화를 색칠해 볼까?

② 무궁화를 색칠한다.

💡 Tip

- 무궁화 책을 함께 보여 주면 더 좋습니다.
- 우리나라를 세계 지도에서 찾아보고 우리나라 지도를 보여 줍니다.
- 그밖에 우리나라에 대해 알 수 있는 음식, 놀이 등에 대해 알아봅니다.

🔻 리더십 스토리

무궁화에 색칠을 해 보아요.

8월 2주

한복 입기

우리나라의 전통 옷을 입어 봄으로써 우리나라에 대해 더 잘 이해할 수 있다. 우리 고유의 의상인 한복을 입고 우리 민족의 향기를 직접 느껴 보는 시간을 가지자. 아울러 한복의 이름과 입는 법을 제대로 알아본다.

이렇게 해 보세요

① 입을 한복을 보여 준다(한복 사진이나 그림 등을 보여 줘도 좋다).
② 한복의 명칭과 모양새에 대해 알아본다.
③ 한복을 입는 순서에 대해 알려 준다.

- 여자

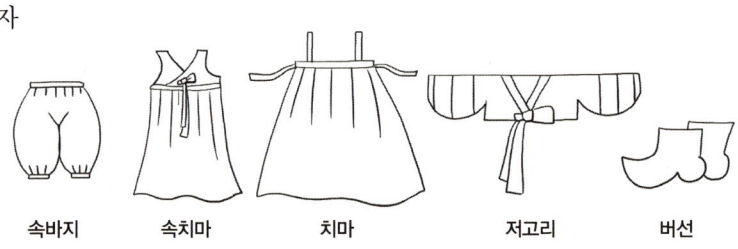

- 남자

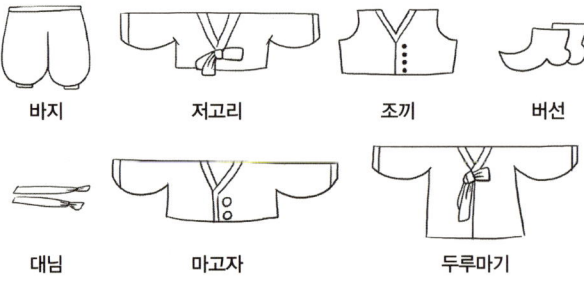

💡 Tip

- 아이들은 한복을 불편하다고 느낄 수 있습니다. 한복의 아름다움과 편안함에 대해서 알려 주도록 합니다(꽉 조이지 않고 바람이 잘 통하는 옷, 색깔이 잘 어우러진 아름다운 옷).
- 그 외에도 한복을 입고 보고 만진 다음 한복의 좋은 점에 대해서 생각하는 활동을 하여 우리나라 옷에 대한 긍정적인 생각을 가질 수 있도록 도와줍니다.

🌱 리더십 스토리

한복을 예쁘게 그려 보아요.

8월 3주

태극기 달기

국기는 나라의 상징이자 얼굴이다. 국기 속에는 그 나라의 사상과 국민들의 정신이 담겨 있다. 따라서 국기를 거는 일은 나라를 사랑하고 나라를 지키자는 의지를 보여 주는 국민 된 도리다. 또한 한 나라의 국민으로서 정체성을 가지는 것은 리더십을 가진 사람이 지녀야 할 중요한 마음가짐이다. 국기를 달면서 나라 사랑하는 마음을 느껴 보도록 하자.

이렇게 해 보세요

① 태극기의 의미에 대해 알아본다.
- 흰색 바탕 : 밝음, 순수, 전통적으로 평화를 사랑하는 우리의 민족성
- 태극 문양 : 파란색은 음, 빨간색은 양으로서 하늘과 땅, 음양의 조화를 나타낸다. 우주 만물이 음양의 상호 작용에 의해 생성되고 발전한다는 대자연의 진리를 의미한다.
- 4괘 : 건곤감이 – 순서대로 '하늘, 땅, 달, 해 / 봄, 여름, 겨울, 가을 / 동, 서, 북, 남 / 인, 의, 지, 예'를 뜻한다.

② 태극기를 다는 방법에 대해 알아본다.
- 경축일 또는 평일에는 깃봉과 깃면의 사이를 떼지 않고 태극기를 건다. 조의를 표하는 날(현충일, 국장 기간, 국민장일 등)에는 깃봉과 깃면 사이를 깃면의 너비(세로)만큼 내려 조기로 게양한다.
- 단독 주택의 경우 집 밖에서 보아 대문의 중앙이나 왼쪽에 달고 아파트의

경우 집 밖에서 보아 앞쪽 베란다의 중앙이나 왼쪽에 게양한다.
③ 부모님과 함께 태극기를 건다.

💡 Tip

- 태극기의 의미가 어려울 수 있으므로 아이의 수준에 맞게 쉽게 설명해 줍니다. 예) "하얀색은 우리나라 사람들의 밝고 순수한 마음을 뜻하고 빨간색과 파란색이 어우러진 태극무늬는 자연이 모두 함께 잘 어우러지는 것을 뜻해. 검은색 선은 동서남북, 봄여름가을겨울과 같은 것을 뜻하는 거야."
- 아이와 함께 태극기를 달고 소중하게 다루도록 합니다.

🌱 리더십 스토리

부모님과 함께 태극기를 다는 날에 대해 알아보아요.

기념일	
1월 1일	새해 첫날
10월 1일	국군의 날
국경일	
3월 1일	3.1절
7월 17일	제헌절
8월 15일	광복절
10월 3일	개천절
10월 9일	한글날
경조일	
6월 6일	현충일

8월 4주

제기 만들기

아이가 제기를 만들고 놀면서 우리나라의 전통 놀이에 대해 알고 흥미를 느낄 수 있다. 나라에 대해 알고 자긍심을 가지는 것은 미래에 어떤 사람으로 자랄 것인가에 큰 영향을 미친다. 이번 활동에서는 우리나라 전통 놀이는 어떤 것들이 있는지 알아보고 아이 스스로 놀이를 함으로써 자기 조절 능력을 향상시키고 협동심을 키울 수 있다.

이렇게 해 보세요

① 우리나라 전통 놀이에 대해 알아본다.

엄마 : 우리나라에서 옛날부터 전해 내려오는 재미있는 놀이들이 있어. 이런 놀이를 전통 놀이라고 해.

아이 : 어떤 게 있는데요?

엄마 : 제기차기, 연날리기, 팽이치기, 자치기, 투호 놀이 등이 있지. 그중에서 오늘은 제기를 만들어서 차 보려고 해.

② 제기를 만든다.

[준비물] 플라스틱 병뚜껑, 가위, 비닐봉지(3~4장), 고무줄

- 플라스틱 뚜껑을 비닐봉지 가운데에 놓는다.
- 뚜껑이 움직이지 않도록 고무줄로 돌돌 감아 고정시킨다.
- 뚜껑을 고정시킨 다음 가위로 비닐을 길게 자른다.
- 완성된 제기를 가지고 제기차기를 한다.

💡 Tip

- 아이가 처음 접하는 제기가 다소 어렵게 느껴질 수 있으니 부모님이 제기 만드는 일을 도와주고 아이와 함께 제기차기를 합니다.
- 제기를 만들고 제기차기를 다섯 번 시도 합니다.

리더십 스토리

제기차기 한 횟수를 적어 보아요.

	제기차기 한 횟수	확인란
첫째 날		
둘째 날		
셋째 날		
넷째 날		
다섯째 날		

9월
자연과 함께

9월부터는 서번트 리더십 프로그램이 진행된다.
9월은 자연과 함께하는 시간으로 환경 보호, 식물과 친해지기 등의
활동으로 구성되어 있다. 나를 포함한 사람만 아끼는 것이 아니라
자연도 사랑할 줄 아는 리더로 성장하기를 바란다.

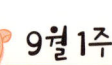

9월 1주

분리수거

집에서 매일 하는 분리수거를 엄마, 아빠와 함께해 보자. 분리수거는 매일 수시로 해야 하는 일이면서 지구를 사랑하고 아끼는 마음을 길러 줄 수 있는 기본적인 활동이다. 또한 자원을 재활용하는 생활을 습관화하고 근검절약을 배우는 리더가 되자.

이렇게 해 보세요

① 매일 나오는 재활용품을 분리해서 넣을 수 있도록 엄마, 아빠와 함께 재활용 상자를 만든다.

엄마 : 서윤아, 이제부터는 우리가 먹고 혹은 쓰고 난 쓰레기를 이렇게 재활용할 수 있는 것만 모아서 분류해서 버릴 거야.

아이 : 어떻게요?

엄마 : 이 표를 보고 설명해 줄게.

[종이류]

- 대상 품목 : 신문지, 책자, 노트, 종이 쇼핑백, 달력, 포장지, 종이컵, 팩, 상자류(비닐 포장지는 제외)
- 배출 요령 : 비닐 코팅된 광고지, 비닐류, 기타 오물이 섞이지 않도록 하고 종이컵이나 팩은 물로 한 번 행군 후 말려서 배출

[캔류]

- 대상 품목 : 철캔, 알루미늄캔(음·식용류), 부탄가스, 살충제 용기

- 배출 요령 : 물로 헹군 후 가능한 한 압착시키고 부탄가스는 구멍을 뚫어 배출

[병류]
- 대상 품목 : 음료수병, 기타 잡병
- 배출 요령 : 물로 헹구고 이물질 제거 후 배출

[고철류]
- 대상 품목 : 고철, 비철 금속(양은, 스테인리스류, 전선, 알루미늄류)
- 배출 요령 : 이물질이 섞이지 않도록 한 후 끈으로 묶어서 배출

[플라스틱류]
- 대상 품목 : 페트병, 우유병, 요구르트병 등 병 모양 용기, 페스티로폼, 농·수산물 포장용 상자, 포장용 완충재
- 배출 요령 : 이물질을 깨끗이 씻어서 배출

② 아이가 잘 실천할 때마다 칭찬해 주고 리더십 다이어리에 스티커를 붙여 줘도 좋다.

💡 Tip

- 아이들에게 분리수거 방법을 가르친다는 것은 지구를 사랑하는 환경 보전의 마음과 근검절약을 가르칠 수 있는 좋은 기회입니다. 또한 분류하는 활동은 수학적 사고를 익히게 합니다. 아이에게 분리수거 습관을 길러 줌으로써 자연의 소중함을 아는 사람으로 자라게 해 줍니다.

9월 2주

환경을 보호하는 나

환경을 보호하는 것은 직접적으로 나를 위한 것처럼은 보이지 않지만 결국은 나를 위한 일이 된다. 아이들이 이런 내용을 이해하고 실천할 수 있도록 하는 것은 서번트 리더십을 갖추게 하는 첫걸음이다. 아이가 환경 보호의 중요성을 알고 자신이 속한 곳에서 지킬 수 있는 환경 보호법을 익히며 환경을 보호할 수 있는 리더가 될 수 있도록 도와주자.

이렇게 해 보세요

① 환경 관련 동화책을 읽는다.

솔루토이 환경 전집 10권(교원), 넌 어느 별에 살고 있니?(국민서관), 우리 집 환경 지킴이(아이세움) 등

② 환경 보호의 중요성에 대해 이야기 나눈다.

엄마 : 보영이는 집이 지저분하면 어떨 거 같아? 쓰레기도 막 버려져 있고 먼지도 쌓여 있으면?

아이 : 기분이 안 좋을 것 같아요.

엄마 : 그렇지? 우리가 사는 지구도 환경을 보호하지 않으면 그렇게 더럽게 되어서 살 수 없게 돼.

아이 : 그럼 어떻게 해야 해요?

엄마 : 우리가 환경을 보호할 수 있는 방법을 생각해 보자.

③ 다음 내용을 참고하여 환경 보호를 위한 실천 방법으로 무엇이 있는지 아이

와 함께 목록을 작성해 본다.

[환경 보호를 위한 10대 실천 강령]

- 합성 세제를 쓰지 않는다.
- 가까운 거리는 걸어 다닌다.
- 길거리에 함부로 쓰레기를 버리지 않는다.
- 일회용품을 쓰지 않는다.
- 쇼핑할 때 장바구니를 가져 간다.
- 종이를 아껴 쓴다.
- 음식은 먹을 만큼만 먹어서 음식물 쓰레기 양을 줄인다.
- 대중교통을 이용한다.
- 분리수거를 잘한다.
- 물을 낭비하지 않는다(이를 닦을 때나 세수할 때 물 받아서 쓰기).

Tip

- 환경을 보호해야 하는 이유를 아이가 알기 쉽게 설명해 줍니다.

  예) 우리 집이 지저분할 때, 길에 쓰레기가 버려져 있다면? 공기가 안 좋아서 숨을 쉴 수 없다면? 자동차 매연을 본 적이 있는지? 더러운 물을 본 적이 있는지? 등

- 실천 사항은 자녀의 연령에 맞게 정하도록 합니다.

  예) 이 닦을 때 컵 쓰기, 일회용품 쓰지 않기, 화장실 휴지 3장만 쓰기, 색종이나 스케치북보다 재활용 종이 활용하기 등

🔻 리더십 스토리

환경 보호 구호를 만들어 보아요.

환경 보호 실천 10대 강령을 일주일 동안 잘 지켰으면 ○ 표시를 해 보아요.

1. 합성 세제를 쓰지 않는다.	
2. 가까운 거리는 걸어 다닌다.	
3. 길거리에 쓰레기를 버리지 않는다.	
4. 일회용품을 쓰지 않는다.	
5. 종이를 아껴 쓰고 이면지를 사용한다.	
6. 음식은 먹을 만큼만 먹어서 음식물 쓰레기의 양을 줄인다.	
7. 쇼핑할 때 장바구니를 가지고 간다.	
8. 대중교통을 이용한다.	
9. 분리수거를 잘 한다.	
10. 물을 낭비하지 않는다.	

9월 3주
화분에 물 주기

화분에 물 주기는 단순한 활동이지만 4~5세에게 적합한 활동이면서 식물을 사랑하고 돌보는 마음을 가지게 할 수 있는 좋은 활동이다. 화분에 물 주기를 통해 우리 주변의 식물을 아끼고 사랑하며 보호하는 방법을 배우자.

이렇게 해 보세요

① 내가 돌볼 수 있는 화분을 정하고 식물 이름과 키우는 방법을 알아본다.
② 식물 성장 카드를 만들고 '화분에 물 주기'란을 만든다.
③ 언제 물을 줘야 할지 일자를 정하고 계획한다.
④ 화분에 물 주기에 필요한 준비물을 준비한다(화분, 식물 이름표, 분무기와 물조리개, 먼지 닦이 수건, 음악 CD).
⑤ 음악을 틀고 화분마다 적당한 시기에 사랑의 말을 전하며 물을 준다.
⑥ 화분에 물을 주고 뒷정리를 한 다음 일지를 작성한다.

Tip

- 이 시기의 아이들에게는 빠르게 자라거나 열매를 맺는 등 변화가 확실한 식물을 준비하는 것이 좋습니다. 그래야 활동 효과를 높이고 성취감을 느낄 수 있습니다.
- 화분을 돌보면서 사랑의 메시지를 전하고 그 메시지를 적어서 화분 옆에 놓아두는 활동도 합니다.

리더십 스토리

일주일 동안 내가 가꿨던 화분에 대해 일지를 작성해 보아요.

1. 식물의 이름

2. 물을 주는 횟수

3. 성장의 특징

4. 비고

5. 물을 준 요일에 O표시를 해 보아요.

월요일	화요일	수요일	목요일	금요일	토요일	일요일

6. 식물을 그려 보아요.

9월 4주

산책하기

　가족과 함께하는 산책을 제대로 한다면 아이들이 자연을 사랑하고 자연의 소중함을 느낄 수 있는 활동이 된다. 매뉴얼을 보고 자연의 소중함을 느낄 수 있는 산책으로 만들어 보자. 또한 산책의 필요성을 알고 산책을 통해 주변 환경 변화에 관심을 가지며 탐구 활동을 해 보자.

이렇게 해 보세요

① 편안한 차림으로 가족과 함께 산책을 한다.
② 나뭇잎을 관찰하고 책갈피에 꽂아 말린다.
③ 산책로에 있는 야생화 이름을 알아본다(식물도감을 준비해서 찾아본다).
④ 걸어가면서 하늘을 보고 구름의 모양과 움직임을 살펴본다.
⑤ 길의 돌과 나무, 꽃에 이름을 붙이고 말을 건다.
⑥ 가족과 함께 동요를 부른다.
⑦ 분위기 좋은 곳에서 가족과 함께 사진을 찍는다.
⑧ 산책에서 돌아와서 생각하고 느낀 것들을 이야기 나눈다.

Tip

- 동요를 부를 때 기분에 맞게 가사를 바꿔서 부릅니다.
- 이름을 붙이고 말을 거는 활동은 자연물 하나하나가 아무 의미가 없는 것이 아니라 소중한 것임을 느끼게 할 수 있는 활동입니다.

리더십 스토리

산책을 하고 실천 목록에 ○ 표시를 해 보아요.

1. 나무에 이름표를 만들었나요?	
2. 나무에 물을 주었나요?	
3. 나무에게 사랑한다고 표현했나요?	

산책하는 모습이나 활동하는 모습을 사진으로 남겨 보아요.

10월
체험 학습

10월에는 아이들의 시야를 넓히고 폭넓은 경험을 할 수 있도록 하는 프로그램이 이루어진다. 아이들이 다양한 시각을 가진 리더로 성장하기 위해서는 실제적인 경험이 중요하다. 프로그램을 읽어 보는 것에 그치는 것이 아니라 반드시 직접 실천해 보기를 권한다.

서점 가기

10월 1주

엄마, 아빠와 함께 서점에 가서 다양한 책들을 훑어보고 골라서 사 오는 경험들은 책과 친해질 수 있는 좋은 활동이다. 특히 아이 스스로 책을 골라 읽는 즐거움과 방법을 익힐 수 있도록 하자.

이렇게 해 보세요

① 서점 이용 방법에 대해 함께 이야기 나눈다.

　엄마 : 서점에 가 본 적 있지? 서점에 가 보니까 어땠어?

② 리더십 다이어리에 실천 과제를 적는다(작은 가방 준비하기, 사고 싶은 책 수첩에 적기, 가방, 지갑, 수첩을 준비하여 서점에 가기).

　엄마 : 리더십 다이어리에 실천 과제를 적어 보자.

Tip

- 공공장소에서 미아 발생 방지를 위해 안전 수칙을 한 번 더 강조해 줍니다.
- 서점 에티켓에 대해 이야기 나눕니다.

　예) 뛰어다니지 않기, 시끄럽게 하지 않기, 먹을 것 가지고 들어가지 않기, 책 깨끗하게 보기, 책 조용히 보기 등

🌱 리더십 다이어리

서점에서 살 책을 계획해 보아요.

사야 하는 책	
책 구입에 필요한 가격	
서점 이름	

책을 구입한 다음 영수증을 붙여 보아요.

10월 2주

전시회 가기

전시회는 어떤 한 분야에서 인정받는 작품들을 한눈에 볼 수 있는 곳이다. 아이들과 함께 전시회를 관람하면서 간접적으로 다양한 문화를 접해 보고 그 분야의 깊이를 느낄 수 있도록 도와주자. 이 시기에는 직접 체험할 수 있는 전시회를 찾는 것이 좋다.

이렇게 해 보세요

① 가고자 하는 전시회를 미리 알아본다(미술 전시회, 사진 전시회, 코엑스 전시회, 킨텍스 전시회, 거리 전시회, 교재 교구 전시회, 자동차 전시회, 박람회 등).
② 가고자 하는 전시회가 정해졌으면 전시회에 전시될 작품에 대해 미리 공부하거나 정보를 수집한다.
③ 필요한 준비물을 챙긴다(복장, 사진기, 수첩, 필기도구).
④ 전시회에 가서 전시물을 감상하고 메모하거나 사진 자료를 남긴다.
⑤ 전시회를 보고 집에 돌아와 감상한 작품의 기록물을 잘 정리하여 자료로 남겨 둔다.
⑥ 감상문이나 감상화로 전시물을 표현해 본다.

Tip
- 4~5세에 맞는 전시회를 선택하는 것이 중요합니다. 직접 만지고 보고 듣고 체험할 수 있는 전시회를 찾아봅니다.

- 전시회 도록이나 팸플릿을 이용하여 자료를 남겨 둡니다.
- 전시회에서 필요한 에티켓에 대해서 알아봅니다.

리더십 스토리

내가 관람했던 전시회에 대해 자료를 남겨 보아요.

날짜	
장소	
전시회 내용	
함께한 사람	

전시회에서 관람했던 사진이나 입장권, 안내물을 붙여 보아요.

레스토랑 가기

10월 3주

아이가 부모님과 외식을 많이 해 봤을 것이다. 하지만 이 활동은 단순히 밥만 먹고 오는 것이 아니라 식당에서 지켜야 할 예의를 배우고 올바른 식사 방법을 배우는 것이다. 메뉴판을 보고 음식을 직접 주문하고 식사를 통해 다른 사람들과 상호 작용하는 법을 배워 보자.

이렇게 해 보세요

① 부모님과 어느 레스토랑을 갈지 이야기를 나누어 정한다.
② 레스토랑에서의 식사 예절을 부모님에게서 듣고 집에서도 연습한다.
③ 식사 예절을 배운다.
  - 깨끗하고 예쁜 옷을 입는다.
  - 포크나 나이프를 소리가 나지 않게 사용한다.
  - 식사를 하며 이야기를 할 경우 자신의 목소리가 너무 크게 들리지 않도록 한다.
  - 여러 사람이 함께 식사하는 장소에서 일어나 돌아다니지 않도록 한다.
④ 집에서 식사 예절을 지켜본 후 느낀 점을 이야기한다.
⑤ 집에서 배운 예절을 생각하며 레스토랑에 가서 실천한다.

Tip
- 레스토랑에서 식사하기를 통하여 공공장소에서 지켜야 할 에티켓을 부모님과

함께 연습하고 가족 간의 정을 나누는 특별한 시간을 갖습니다.
- 레스토랑 예절 중 기본은 매너를 지키는 것입니다. 아이들이 넓은 공간에서 뛰어다니거나 큰 소리로 이야기하여 식사를 하고 있는 다른 사람들에게 불편을 끼치지 않도록 합니다.

🔻 리더십 스토리

레스토랑에서의 식사 계획을 세워 보아요.

1. 레스토랑 이름

2. 레스토랑 가는 날짜

3. 입고 갈 옷

3. 함께 갈 사람

4. 주문할 내용

5. 식사하는 동안 할 말

6. 식사 후 레스토랑 서버에게 해 줄 말

7. 식사 후 부모님에게 전하는 감사의 말

여행 가기

10월 4주

아이와 부모님이 함께 여행을 계획하고 실천해 봄으로써 아이가 주도적인 삶을 살게 하는 동시에 다양한 삶을 이해하고 그것이 주는 기쁨을 맛보게 한다. 아이가 계절의 변화를 관찰하고 자연의 모습 속에서 문학적 감성을 키워 색다른 추억을 만들 수 있다. 또한 여행을 통해 자연을 사랑하고 감사하는 마음을 갖고 인간과 자연은 공존해야 한다는 것을 이해하게 된다.

이렇게 해 보세요

① 가족과 여행 장소에 대한 계획을 세운다.
② 리더십 다이어리에 실천 과제를 적는다.
　예) 리더의 가을 생활에 대해 이야기를 나눌 경우 : 가을 동산에서 책 읽기, 낙엽 주워 책갈피 만들기, 가을 산에서 가족들과 사진 찍기, 가을 기차 여행 떠나기, 캡처북이나 앨범, 리더십 스토리에 붙이기
③ 여행을 가면서 리더십 다이어리에 적은 것들을 실천하고 체크한다.
④ 여행을 다녀온 다음 느낌을 말한다.

Tip

- 여행을 통해 자연을 사랑하고 감사하는 마음을 가질 수 있도록 부모님은 무심코 행해지는 비교육적인 생활 습관에 유의합니다.

11월
유아 경제

11월에는 아이가 경제관념을 가진 리더로 성장할 수 있도록 도울 것이다. '경제'는 리더가 꼭 알아야 할 빼놓을 수 없는 분야다. 어릴 때부터 올바른 경제관념을 정립하고 있는 사람이 진정한 리더로 성장할 수 있다.

11월 1주

5000원의 행복

경제관념을 가지기 위해서는 돈의 가치와 소중함을 알아야 한다. 돈의 소중함을 아는 리더야말로 자신의 미래를 가치 있게 꾸려 나갈 수 있을 것이다. 아이에게 적은 돈이라도 누군가를 위해 정성과 마음을 담아 소중한 것을 만드는 경험을 하게 해 주자. 경제관념은 물론 돈의 소중함을 알게 될 것이다.

이렇게 해 보세요

① 병문안이나 방문할 친구를 정한다.
② 5000원으로 할 수 있는 요리(또는 선물)를 생각한다.
③ 슈퍼에서 장을 보고 요리 계획을 세운다.
④ 요리를 만들어 예쁘게 담고 친구를 위한 편지를 쓴다.
⑤ 친구에게 요리와 편지를 전달한다.

Tip

- '5000원의 행복' 요리가 어려울 때는 작은 선물로 대신합니다.
- 방문 시 지켜야 할 예절에 대해 생각해 보고 지키도록 합니다.
- 장시간 병문안을 할 경우 친구에게 해로울 수 있다는 점을 기억합니다.

11월 2주

사랑의 저금통 만들기

경제관념을 가지는 데에 있어서 가장 기초가 되는 것은 '저축'이다. 아이들이 저축하는 습관을 기를 수 있도록 저금통을 만들어 보자. 아이가 자연스럽게 기부 문화에 익숙해질 수 있도록 저금한 돈으로 불우 이웃을 돕는 것도 의미 있는 일이 될 것이다.

이렇게 해 보세요

① 저금통이 무엇인지 함께 이야기 나눈다.
② 우유팩이나 분유통, 단단한 박스 등 저금통으로 쓸 만한 재료를 고른다.
③ 그 위에 시트지를 깨끗하게 붙이고 아이가 스티커 등을 붙여 꾸밀 수 있도록 하며 동전을 넣을 수 있는 구멍을 뚫는다.
④ 용돈 저금통, 기부 저금통 2개를 만든다.
⑤ 심부름을 해서 받은 용돈의 10분의 1을 기부 저금통에 저금하게 한다.

Tip

- 아이가 저금통을 직접 만들면서 저축의 즐거움을 느낄 수 있습니다.
- 아이에게 기부에 대해 자연스럽게 설명해 주고 기부할 곳과 금액 혹은 기간을 정해 두고 기부 저금통에 저금합니다.
- 기부 저금통에 일정 금액이 모이면 기부합니다.
- 용돈 저금통에 모인 돈은 은행에 저금합니다.

리더십 스토리

'돼지 저금통의 유래'에 대해 읽고 함께 이야기 나누어 보아요.

미국 캔자스 주의 작은 마을에 채프먼 부부가 살고 있었다고 한다. 그들 부부에게는 윌버라는 이름의 아들이 있었다. 윌버는 어느 날 탄넬이라는 사람에게 용돈을 받게 되었다. 윌버는 받은 용돈을 어떻게 쓸까 고민하다 탄넬 씨에게 다음과 같은 편지를 보냈다.

"저희 마을에는 한센병(나병, 문둥병) 환자들이 많아요. 저는 아저씨가 준 3달러로 새끼 돼지를 사서 키우려고 해요. 그리고 이 돼지가 크면 팔아서 한센병 환자 가족들을 도울 거예요."

윌버는 열심히 새끼 돼지 페트를 키웠고 어느새 마을의 꼬마들도 관심을 나타내며 윌버와 함께 돼지를 키워 나갔다. 윌버와 마을 꼬마들 덕분에 하루하루가 지날수록 새끼 돼지 페트는 살이 포동포동 올랐다. 이듬해 윌버는 페트를 팔아 편지에 쓴 대로 한센병 환자 가족을 도와주었다. 이 사실이 어느 한 신문에 소개되면서 그 기사를 읽은 많은 사람들이 돼지 저금통을 만들어 이웃을 돕기 시작했다. 최초의 돼지 저금통이 탄생한 것이다. 그때부터 소년들은 용돈이나 군것질할 돈을 아껴서 저금통에 넣었다고 한다. 그리고 모인 돈으로 한센병 환자의 구제에 사용했다. 한 소년의 작은 사랑이 최초의 돼지 저금통을 만든 것이다.

11월 3주

은행에서 통장 만들기

돼지 저금통에 돈을 모으는 습관을 길러 준 후 '아이 이름이 적힌 통장'을 만들어 아이가 저축을 하는 재미와 즐거움, 성취감을 느낄 수 있도록 도와준다. 아이가 직접 은행을 방문하고 자기 이름으로 된 통장을 갖는 경험은 경제에 관심을 가질 수 있도록 도와주는 의미 있는 활동이다.

이렇게 해 보세요
① 은행에 대해 알아보고 아이들에게 은행이 하는 일에 대해 알려 준다.
② 아이와 함께 은행에 방문해서 아이 이름으로 입·출금 통장을 만든다(방문 시 준비물 : 가족 관계 증명서, 아이 이름의 도장, 신분증).
③ 입·출금 통장에 모아 뒀던 돈이나 가족들에게 받은 용돈을 아이 스스로 통장에 저금할 수 있게 한다.
④ 은행에서 만든 저금통장에 어느 정도의 금액이 모아졌을 경우에는 '어린이 적금 통장' 하나를 더 만들어 준다.

Tip
- 아이가 저축의 의미를 알기 위해서는 기본적인 경제관념을 갖고 있어야 합니다. 아직 돈이나 경제에 대해 개념을 확립하지 못한 아이에게는 놀이를 통해 알려 줍니다(동전과 지폐 교환하기, 엄마, 아빠의 직업 잡지에서 찾아보기, 돼지 저금통에 동전 넣기, 슈퍼에서 과자 사 오기 등).

🔻 리더십 스토리

경제관념을 체크해 보아요.

실천 목록	O, X
1. 인기 있는 장난감을 혼자만 가지고 놀지 않고 친구와 사이좋게 활동했나요?	
2. 동전과 지폐를 주면 지폐를 선택하나요?	
3. 100원, 500원, 천 원, 만 원을 크기 순으로 나열할 수 있나요?	
4. 마트에서 물건을 살 수 있나요?	

11월 4주

심부름 용돈 모으기

심부름은 부모가 아이를 믿는다는 표현임과 동시에 아이가 부모의 도움 없이 무언가를 할 수 있는 첫 번째 과제이기도 하다. 심부름을 통해 아이에게 책임감과 문제 해결 능력, 남을 배려하는 마음을 길러 줄 수 있다. 심부름을 통해 용돈을 모으면서 경제관념을 형성하면 몸으로 직접 체험하고 경제 활동을 할 수 있으므로 훌륭한 경제 교육이 된다.

이렇게 해 보세요

① 아이와 함께 심부름 목록을 정하되 아이가 쉽게 할 수 있는 것으로 한다.
② 심부름에 알맞은 용돈 금액을 정한다.
③ 용돈을 저금할 수 있는 저금통을 만들고 심부름을 한 후 저축한다.

Tip

- 나이에 맞는 금전 교육법

  1. 2~4세 : 동전 알아맞히기 놀이(동전 이름, 액면 금액, 크기, 동전 수집 등), 잔돈 놀이(돈 세는 법, 종이돈과 동전의 차이 등)

  2. 5~7세 : 돼지 저금통에 저축하기(돼지의 배가 불러 가는 모습을 통해 저축의 개념 익히기), 쇼핑 놀이(엄마는 점원, 아이는 손님으로 역할 분담을 한 후 과자, 장난감 등의 가격표 읽어 보기, 거스름돈 주고받기 등)

- 심부름 용돈의 원칙

내 방 청소하기, 밥 먹고 이 닦기, 잠자리 펴고 정돈하기, 식사 후에 자기 그릇 치우기 등과 같은 것은 당연히 해야 할 일이므로 용돈을 주는 일에서 제외됩니다. 자신을 위한 일이 아니고 다른 사람이나 가족 모두를 위한 일을 했을 때 용돈을 주도록 원칙을 정합니다.

리더십 스토리

부모님을 도와 드려요(용돈 금액은 부모님이 정해 줍니다).

번호	실천 방법	용돈 금액(원)
1	구두 닦기	
2	안방 청소하기	
3	설거지하기	
4	요리 돕기	
5	안마하기	
6		
7		
8		
9		
10		

12월
따뜻한 마음

12월은 진정한 서번트 리더십을 발휘하는 달이다. 주변 사람들을 돌아보고 따뜻한 마음을 나눌 수 있는 활동들로 구성되어 있다. 이러한 활동을 통해 아이가 보다 따뜻하고 인정이 넘치는 인간다운 리더로서 성장할 수 있을 것이다.

12월 1주

멋진 어린이 되기

어떤 사람이 멋진 어린이일까? 아이와 함께 어떤 행동과 말을 하는 사람이 멋진 사람인지 이야기 나누어 보고 매일매일 멋진 사람이 되기 위해 노력해 보자. 그리고 부모가 주는 칭찬 동전을 모아 어려운 사람에게 기부해 보자.

이렇게 해 보세요

① 아이와 함께 '멋진 어린이'는 어떤 사람인지 생각한다.

　엄마 : 소연아, 멋진 어린이는 어떤 사람일까? 착한 일을 하는 사람? 친구들과 잘 지내는 사람? 동생을 잘 돌보는 사람? 부모님의 일을 도와주는 사람?

　아이 : 장난감 정리 잘하는 사람?

　엄마 : 그런 것도 되겠네. 우리 어떤 사람이 멋진 사람인지 생각해 보자.

② 멋진 어린이가 할 수 있는 착한 일 목록을 적는다.

③ 매일 하나씩 실천할 때마다 구체적으로 칭찬해 주기 위해 100원짜리 동전을 '작은 가방'에 넣을 수 있도록 한다.

　엄마 : 소연이가 멋진 어린이가 되기 위해 노력하는 착한 마음을 담아 어려운 사람을 도울 거야. 매일 '멋진 어린이'가 해야 하는 일을 하나씩 실천할 때마다 엄마가 100원짜리 동전을 이 가방에 넣어 줄게.

④ 일주일 동안 실천한 후 가방에 모인 돈으로 불우 이웃을 돕는다.

　기부 단체에 기부하거나 아이가 다니는 유아 교육 기관에서 불우 이웃을 도울 때 낸다. 그 외에 기부할 수 있는 여러 가지 방법을 생각한다.

💡 Tip

- 아이가 착한 일을 할 수 있도록 함께 이야기 나누고 실천할 때마다 격려와 칭찬을 아끼지 않습니다.
- '동전'은 착한 일에 대한 구체적인 보상이자 아이의 예쁜 마음이 담겨 있다는 것을 잘 설명해 줍니다.
- 100원 동전을 직접 주는 대신 종이에 '착한 일을 한 예쁜 마음'이라는 글자를 적은 쿠폰을 만드는 것도 좋습니다.
- 아이가 동전을 직접 가방에 넣으면 성취감과 즐거움을 느낄 수 있을 것입니다.
- 주말에 동전을 세면서 아이 자신이 어떤 일을 했는지 생각해 보게 합니다.

🔽 리더십 스토리

매일 '멋진 어린이'가 되기 위해 실천한 후 체크해 보아요.

월	화	수	목	금	토	일

카드 쓰기

12월 2주

1년 동안 함께 지냈던 선생님과 친구들에게 카드를 써 본다. 그동안의 고마웠던 마음을 전하면서 친구들과 더욱 친해져 보자. 따뜻한 감정을 느끼고 표현해 보면서 감성 리더십을 기를 수 있다.

이렇게 해 보세요
① 부모님과 함께 누구에게 카드를 쓸지 생각한다.
② 친구를 생각하며 카드를 예쁘고 멋지게 꾸민다.
③ 받는 사람 이름과 보내는 사람의 이름을 써넣는다.
④ 나만의 카드를 전해 주면서 친구를 꼭 안아 준다.

Tip
- 나의 마음을 전하고 싶은 사람은 누군지, 그 사람하고 어떤 일이 있었는지, 어떤 마음이 드는지를 생각하면 자신의 감정을 읽을 줄 아는 힘이 길러집니다. 또한 표현력이 향상되고 감정을 읽고 나타내는 감성 리더십이 길러집니다.
- 아직 글쓰기가 힘든 친구들이니 부모님들은 카드 꾸미기를 함께해 줍니다.

🌱 리더십 스토리

카드를 예쁘게 그려 보아요.

12월 3주

어려운 이웃 돕기

추운 겨울이 되면 주변의 어려운 이웃을 도우라는 말을 많이 듣게 된다. 아이들은 어려운 이웃에 대해 어떻게 생각할까? 부모님과 함께 소외되고 관심 밖이었던 어려운 이웃을 찾아보자. 이런 활동을 통해 아이가 자신의 도움이 필요한 사람들이 주변에 많다는 것을 깨닫게 하고 아이에게 서번트 리더십을 발휘할 기회를 주도록 하자.

이렇게 해 보세요

① 우리 주위의 어려운 이웃에 대해 부모님과 함께 이야기 나눈다(집이 없는 사람, 먹을 것이 없는 사람, 가난한 사람 등).

엄마 : 우주야, 어려운 이웃을 돕자는 말을 들어 본 적이 있니? 우리가 도와줘야 할 힘들고 어려운 사람들은 누가 있을까?

아이 : 텔레비전에서 봤는데 거지라는 말을 들었어요. 집이 없는 불쌍한 사람이래요.

엄마 : 맞아. 집 없고 가족도 없고 먹을 것도 없는 사람들이 많아. 이런 사람들은 우리가 도와줄 수 있어.

② 신문이나 잡지에서 어려운 이웃의 모습을 찾아본다.

③ 찾은 모습을 오려서 리더십 스토리에 붙인다.

④ 어떻게 도와주면 좋을지 방법을 생각한다.

엄마 : 이런 사람들을 어떻게 도와줄 수 있을까?

아이 : 고아원에는 인형이나 장난감을 가져다주면 좋아할 것 같아요.

엄마 : 맞아. 어려운 이웃을 돕기 위해 돈을 모금하는 단체도 있어. 거기에 기부를 할 수도 있단다.

🟠 Tip

- 우리 주변에서 찾은 어렵고 도움이 필요한 이웃을 아이가 그냥 지나치게 하지 말고 도와주도록 합니다(짐 들고 가는 할머니, 할아버지 보면 들어 주기, 버스에서 양보하기 등).
- 어려운 이웃은 누구인지 신문이나 잡지 등에서 찾아 사진을 붙입니다(노숙자, 할아버지, 할머니, 몸이 불편한 노인 등).

🌱 리더십 스토리

어려운 이웃을 도울 수 있는 방법을 적어 보아요.

12월 4주
작아진 물건 나누기

물건들을 정리하면서 자신이 신체적, 정신적으로 얼마나 성장했는지 생각해 볼 수 있는 때다. 자신의 몸을 그려 봄으로써 신체 지수를 측정하는 방법을 배우고 작아진 옷을 나누는 방법을 알아보면서 기부 문화에 대해 경험하고 이웃을 생각하는 따뜻한 마음을 기를 수 있다.

이렇게 해 보세요
① 전지와 색연필을 준비한다.
② 전지에 누워 부모님과 함께 내 몸을 그린다.
③ 내 몸보다 작은 옷을 고른다.
④ 고른 옷을 깨끗이 빨아 정리한다.
⑤ 누구에게 줄 것인지 생각한다.
⑥ 기증하는 방법을 알아본다.

Tip
- 아이의 몸을 함께 그립니다. 매년 이 활동을 한 후 보관하면 아이가 얼마나 컸는지 눈으로 확인할 수 있습니다.
- 기증할 방법을 아이와 함께 생각합니다. 인터넷 사이트, 아파트 단지 내 부녀회, 학교 바자회, 고아원 등 기증할 방법을 찾아서 어려운 이웃을 돕습니다.

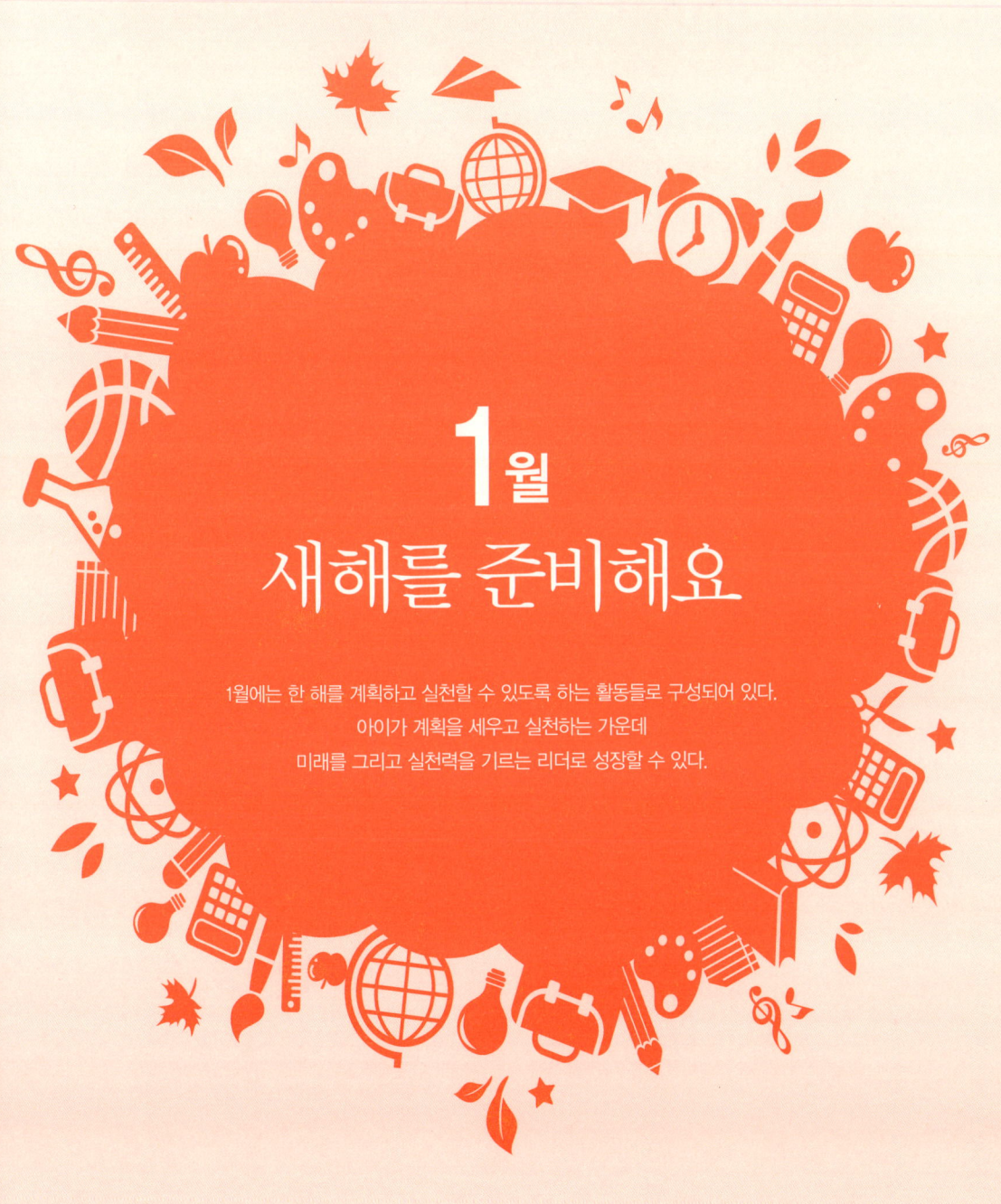

1월
새해를 준비해요

1월에는 한 해를 계획하고 실천할 수 있도록 하는 활동들로 구성되어 있다.
아이가 계획을 세우고 실천하는 가운데
미래를 그리고 실천력을 기르는 리더로 성장할 수 있다.

1월 1주

세배하기

세배의 의미(섣달그믐이나 정초에 웃어른에게 하는 절)를 알고 세배하는 방법을 익혀 조부모님, 부모님, 형제, 친척 등에게 차례로 새해 첫인사를 드릴 수 있도록 한다. 어른을 공경하는 마음을 기르고 새해 첫날 어른들의 덕담을 들을 수 있는 중요한 시간임을 알게 한다.

이렇게 해 보세요

① 남자, 여자의 세배하는 방법을 익힌다.

• 남자

1. 양손을 포개 양 팔꿈치와 손이 배 부근에서 수평이 되게 한다(왼손이 오른손 위로 올라간다).

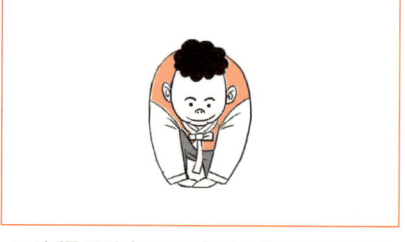

2. 허리를 굽혀 손으로 땅을 짚고 왼발을 먼저 구부린다.

3. 오른발을 구부려 왼발 바닥 위에 오른발을 포개 앉는다.

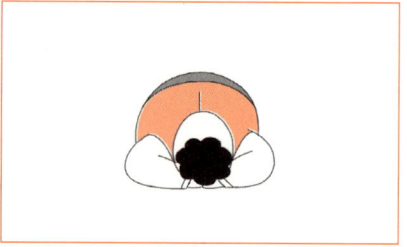

4. 엉덩이를 발에 붙이고 손을 구부려 양 팔꿈치가 땅에 닿은 상태에서 얼굴이 손에 닿을 정도로 허리를 굽혀 절한다.

• 여자

1. 손과 팔꿈치가 수평이 되도록 어깨 높이로 들고 고개를 숙인다(오른손등이 왼손등 위로 가도록 포갠다).

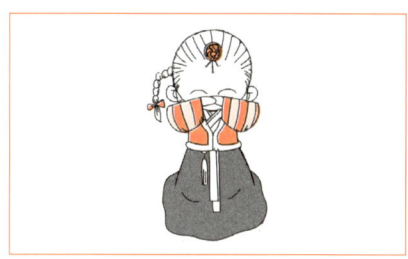

2. 시선은 포갠 양 손 사이의 바닥을 향한다.

3. 먼저 왼발을 구부린 뒤 오른발을 구부린 후 오른발이 아래가 되게 발등을 포갠 다음 엉덩이를 내려 깊이 앉는다.

4. 윗몸을 45도 앞으로 반쯤 구부려 절한다.

② 세배할 대상을 찾아본다.

③ 세배할 때 나눌 새해 인사를 생각해 보고 연습한다.

④ 세배하는 방법에 맞춰 새해 인사를 한다.

💡 Tip

- 세배하는 방법이 아이에게는 어려울 수 있으므로 부모님이 시범을 보이고 함께 연습합니다.
- 세배와 설날의 의미에 대해 아이와 함께 생각해 봅니다.

🌱 리더십 스토리

부모님과 함께 설날과 세배, 덕담의 의미에 대해 알아보아요.

• 설날
설날은 새로운 해의 '첫날'입니다. '설날'이라는 말이 익숙하지 못한 낯선 날이라는 뜻에서 왔다는 사람도 있고 '선날'이라는 말에서 온 것으로 새해 새날이 시작되는 날이라는 뜻이라고 하는 사람도 있습니다. 그리고 '삼가다'라는 뜻으로 조심스럽게 새해 첫발을 내딛으며 일 년 내내 아무 탈 없이 잘 지낼 수 있도록 행동을 조심한다는 의미가 있다고도 합니다.

• 세배
설날에는 제사를 지내서 조상님께 인사를 드리고 그 후에 할아버지, 할머니 등 어른들에게 절하고 새해 인사를 합니다. 이때 웃어른에게 하는 절을 '세배'라고 합니다. 세배를 하러 다른 집에 가기도 하는데 세배하는 사람이 어른이라면 음식을 내놓고 아이들에게는 세뱃돈을 준 답니다.

• 덕담
새해 첫날을 맞아 서로 행복을 빌고 축복해 주는 말을 나누는 것을 '덕담'이라고 합니다.

1월 2주

제가 이만큼 자랐어요

사람은 혼자 사는 것이 아니다. 우리 아이들도 혼자 자란 것이 아니라 여러 사람의 도움을 통해 성장했다는 것을 알 수 있도록 해 줘야 한다. 아이가 이만큼 자랄 수 있도록 도와주고 키워 준 고마운 분들이 있다는 것을 알고 그분들을 찾아 감사한 마음을 표현하도록 한다.

이렇게 해 보세요

① 나를 도와준 분들을 떠올린다.
② 그분들의 명단을 리더십 스토리에 적는다.
③ 나를 도와준 분들을 위해 내가 할 수 있는 일을 찾아본다(편지 쓰기, 전화하기, 사랑한다고 말하기, 그림 그리기 등).
④ 실천을 통해 감사의 마음을 표현한다.

Tip

- 아이가 감사의 마음을 표현할 수 있는 방법이 많지는 않습니다. 하지만 아이만큼 진심으로 감사의 마음을 표현하는 사람은 없을 것입니다. 부모님은 아이가 마음과 정성을 다해 표현할 수 있도록 유도해 주고 따뜻한 감사 표현을 통해 아이가 한 해를 잘 마무리할 수 있도록 도와줍니다.

🌿 리더십 스토리

감사한 분들의 이름을 적고 그분들에게 해 줄 수 있는 일을 표현해 보아요.

감사한 분들	무엇을 해 줄 수 있을까요?

1월 3주

새해 계획 세우기

아이가 한 해 소망을 계획하고 실천하여 이뤄 볼 수 있도록 한다. 가족과 함께 계획을 짜고 가족의 소망에 대해서도 이야기 나눈다. 아이가 혼자 계획할 때보다 실천 의지가 더욱 강해질 것이다.

이렇게 해 보세요
① 가족이 모여 새해 소망에 대해 이야기 나눈다.
② 나의 소망과 우리 가족이 이뤘으면 하는 소망 두 가지를 생각한다.
③ 종이에 가족의 소망과 계획을 적어 벽에 붙인다.
  예) 엄마의 소망 - 날씬해지기 / 계획 - 매일 100번씩 줄넘기를 한다.
  아빠의 소망 - 건강해지기 / 계획 - 헬스장에서 일주일에 두 번 한 시간씩 운동을 한다.
  나의 소망 - 한글 읽기 / 계획 - 매일 엄마와 함께 20분씩 한글 공부를 한다.
  동생의 소망 - 키 크기 / 계획 - 매일 우유를 두 잔씩 마신다.
④ 매일매일 실천하고 체크할 수 있는 표를 만들어 붙여 놓고 함께 체크한다.

Tip
- 새해 소망을 적으며 개인의 소망뿐 아니라 우리를 위한 계획을 생각함으로써 아이가 공동체적 사고를 키우도록 지도합니다.
- 아이가 구체적인 소망을 적어서 실천하며 성취감을 느끼도록 도와줍니다.

리더십 스토리

우리 가족의 소망과 실천 방법을 적어 보아요.

우리 가족	소망	실천 방법

가족 생일 알아보기

1월 4주

가족의 생일을 알아보고 챙겨 줄 수 있도록 한다. 이런 활동은 가족의 의미에 대해 생각해 보고 가족의 소중함과 생일을 알고 함께 행복해질 수 있는 방법을 찾게 해 준다. 가장 가까운 사람인 가족을 챙겨 주는 마음은 나아가 주변 사람들을 챙겨 주는 리더로 성장할 수 있게 해 준다.

이렇게 해 보세요

① 가족의 생일을 알아본다.
② 달력 읽는 법에 대해 알아본다.
③ 가족 생일 달력을 만든다.
- B4 크기의 색상지에 계절에 맞는 종이접기를 한다.
- 집에 있는 달력을 오려서 붙이거나 달력을 직접 그린다.
- 가족의 생일을 표시한다.

Tip

- 작년 달력에 종이를 붙여 만들 수도 있습니다.
- 생일은 어떤 날인지 생각해 보고 아이가 태어났던 날의 이야기를 들려주고 아이에게 사랑한다고 말해 주도록 합니다.
- 생일을 챙겨 주면 어떤 마음이 들지 이야기 나눕니다.

🌱 리더십 스토리

우리 가족의 생일을 알아보아요(가족의 얼굴을 그림으로 그리거나 사진을 붙인 다음 생일 날짜를 적도록 도와주세요).

__월 __일	__월 __일
__월 __일	__월 __일

2월
유종의 미

지난 일 년 동안 해 왔던 리더십 활동을 돌아보고 정리하는 달이다. 개선할 점을 찾고 다음 해에 할 일을 계획한다면 더욱 뜻 깊은 달이 될 것이다.

2월 1주
나의 모습 그리기

매일매일 아이들의 모습을 봐서는 얼마나 자랐는지 잘 알 수 없지만 일 년을 돌아보면 아이 자신도 부모님도 아이가 얼마나 성장했는지 알게 될 것이다. 아이의 모습이 얼마나 바뀌고 자랐는지, 앞으로 어떻게 자랐으면 좋겠는지 이야기하고 나의 모습을 그림으로 그리는 시간을 가져 보자.

이렇게 해 보세요
① 일 년 동안 생활했던 나의 모습을 떠올린다.
② 나의 모습은 어땠는지 부모님과 함께 이야기 나눈다.
③ 추억을 되새기며 나의 모습을 그린다.

Tip
- 아직 어린 친구들은 나의 모습이 어떤지 잘 알 수 없습니다. 부모님이 아이에게 지난 일 년간의 사진을 보여 주고 대화를 통해 아이의 모습을 알려 줍니다.

🌱 리더십 스토리

일 년 동안 나의 모습은 어땠는지 떠올리며 계절별로 달라진 나의 사진을 골라 붙여 보아요.

봄	여름

가을	겨울

2월 2주

즐거웠던 1년

일 년 동안 가족들과 함께 보낸 시간 중에 가장 즐거웠던 일을 떠올려 본다. 가족에 대한 소중함을 느끼고 표현하는 시간을 가진다. 가족과 함께 그림을 그리면 가족들과 더욱 친해지고 서로 돕는 마음을 가질 수 있다.

⏰ 이렇게 해 보세요

① 일 년 동안 가족과 함께 한 일 중에 어떤 것이 가장 재미있었는지 아이와 함께 이야기 나눈다.
② 사진을 보거나 어떤 일이 있었는지 적는다.
③ 그중에서 가장 재미있었던 일을 고른다.
④ 가족과 함께 경험한 재미있었던 일을 그림으로 그린다.

💡 Tip

- 온 가족이 모여 앉아 지난 일 년을 돌아보고 어떤 재밌고 즐거운 일이 있었는지 생각해 보는 시간을 가집니다. 가족 간의 친목을 다질 수 있고 일 년을 지내면서 감사하고 즐거웠던 마음을 되새길 수 있습니다.
- 가족들이 모여 함께 그림 그리는 시간을 가집니다. 각자 그릴 부분을 나누거나 그리고 싶은 것을 정해 그리고 완성합니다.

🌱 리더십 스토리

가족과 가장 재미있었던 일을 그려 보아요.

무엇을 하고 있는 것인지 내용을 적어 보아요.

2월 3주
리더십 활동 미리 보기

앞으로 어떤 리더십 활동을 하면 좋을지 아이와 함께 생각하는 시간을 가지면 어떨까? 아이가 어떤 활동이 하고 싶은지 정하고 부모님과 함께 이야기 나눈다면 아이에게 꼭 맞는 리더십 활동을 찾아낼 수 있을 것이다. 또한 내년에는 어떤 활동을 하면 좋을지 2단계 활동을 미리 훑어보자.

🕒 이렇게 해 보세요
① 지난 일 년 동안 했던 활동을 돌아본다.
② 다음 해(2단계)에는 어떤 활동을 하게 될지(어떤 활동이 기대되는지, 재미있을지 등) 살펴보고 이야기 나눈다.
③ 내가 하고 싶은 활동을 만든다.

💡 Tip
• 그동안 모아 왔던 리더십 스토리를 소중히 간직할 수 있도록 도와줍니다.

리더십 스토리

다음에 내가 하고 싶은 리더십 활동을 정해 보아요(내 마음이 성장하는 동시에 가족이나 친구를 도울 수 있는 활동에는 어떤 것이 있을까요?).

2월 4주
리더십 수상식

　한 해 동안의 실천에 대한 칭찬과 격려를 통하여 셀프 리더십을 더욱 발전시키는 하는 것이 리더십 수상식의 목표다. 또한 단순히 리더십 활동을 한 것으로 끝내지 않고 그동안 꾸준히 잘 실천해 온 아이를 격려하고 아이의 용기를 북돋워 줄 수 있다.

이렇게 해 보세요
① 리더십 책을 보고 아이와 함께 했던 활동을 돌아본다.
② 자신이 가장 잘했다고 생각하는 활동을 하나 고른다. 혹은 재미있었던 활동을 고르거나 아쉬웠던 점, 앞으로 더 하고 싶은 활동 등에 대해 이야기 나눈다.
③ 부모님이 가장 좋았던 활동을 고르고 이야기 나눈다.
④ 리더십 상장을 만들고 수여식을 갖는다.

Tip
• 수상식 때 어떤 말로 아이를 격려할지 생각해 봅니다.
• 그동안의 활동을 칭찬하고 앞으로 더 잘할 수 있도록 합니다.

🌱 **리더십 스토리**

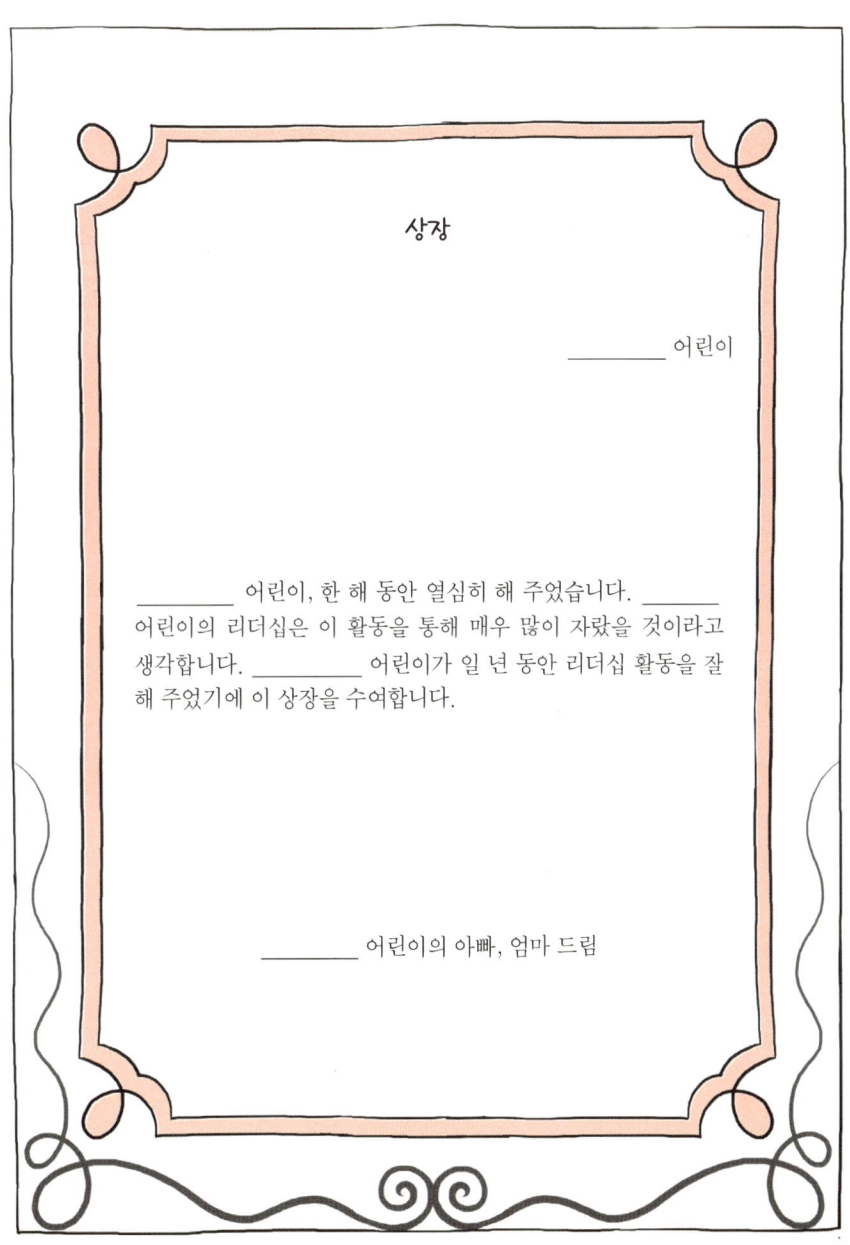

6~7세

2부

자립심 키우는 리더십

6~7세는 리더십 교육의 적기다. 4~5세 때 워밍업을 했다면
6~7세는 제대로 실력을 발휘할 수 있는 나이다.
4~5세 활동을 하지 않은 아이라면 4~5세 활동도
참고해서 활용해 보도록 하자.

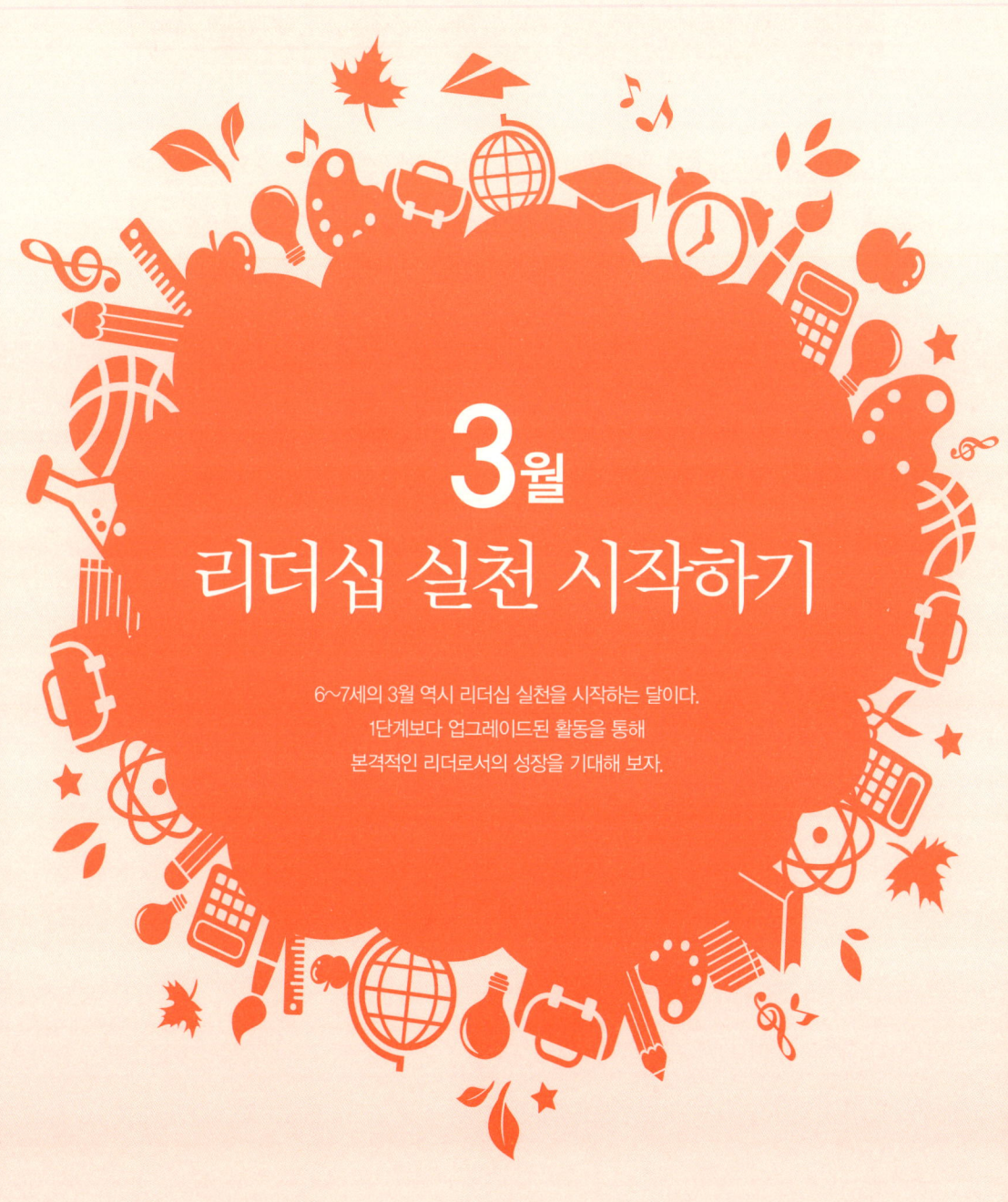

3월
리더십 실천 시작하기

6~7세의 3월 역시 리더십 실천을 시작하는 달이다.
1단계보다 업그레이드된 활동을 통해
본격적인 리더로서의 성장을 기대해 보자.

3월 1주
학습 플래너 만들기

학습 플래너란 쉽게 말해 학습을 하기 위한 계획서를 짜는 것이다. 새로운 학기를 맞아 아이가 하루 일과를 생각하고 적어 실천함으로써 성취감을 느끼도록 도와주자. 아이가 하나씩 해 나갈 때마다 자신감이 쑥쑥 자라날 것이다. 매일매일 학습 계획을 짜고 실천하면서 자율적이고 주체적인 아이로 클 수 있도록 격려해 주자.

이렇게 해 보세요

① 하루 일과를 순서대로 적는다(집에 온 시간을 중심으로 적되 세세하게 적는 것보다 중요한 일과를 중심으로 적는 것이 좋다).

엄마 : 우리 다인이가 매일 하는 일을 순서대로 적어 볼까?

[다인이의 하루 일과]

7:30 일어나기

8:30 유치원 가기

4:00 집에 도착, 씻고 정리

4:30 간식 먹기

5:00 휴식

5:30 공부하기

6:00 저녁 먹기

7:00 놀기

8:00 씻고 잘 준비하기

8:30 취침

② 매일 해야 하는 학습 내용을 적는다(쉽게 실천할 수 있도록 구체적이고 쉬운 내용으로 정한다).

   엄마 : 다인이는 요즘 무슨 공부가 제일 좋아?

   아이 : 유치원에서 한글 공부를 해서 한글 공부하는 게 재미있어요.

   엄마 : 그럼 매일 책을 두 권씩 읽을까?

③ 학습할 시간과 장소를 정한다.

   엄마 : 하루 일과를 적어 보니 언제쯤이 제일 좋은 것 같아? 어디에서 하는 게 좋을까?

   아이 : 음, 간식 먹고 난 다음에 책상에서요.

④ 자신이 정한 시간에 학습을 진행한다.

💡 Tip

- 지난해 다이어리 쓰기 습관을 키운 6~7세 유아들은 다이어리 쓰기 업그레이드 버전 학습 플래너를 사용합니다.
- 학습 시간은 30분 이내로 짧게 정하고 쉽지만 구체적인 내용으로 학습 내용을 짜도록 합니다.
- 일주일 정도 잘 지켜지면 학습 내용을 바꾸거나 조금 어려운 내용을 공부하여 양을 늘리도록 합니다.
- 처음에는 아이가 쉽게 실천하고 성취감을 느낄 수 있도록 도와줍니다.

리더십 스토리

학습 플래너를 만들어 보아요.

시간	해야 할 일

3월 2주
꿈 상자 만들기

1단계에서 소원 상자를 만들어 단기간에 이룰 수 있는 소원을 위해 노력하고 이루어 냈다면 6~7세 아이들과는 미래의 꿈을 향해 나아갈 수 있는 꿈 상자를 만들자. 나의 꿈과 미래에 대해 생각하고 그 꿈을 위해 어떤 노력이 필요한지 알아봄으로써 꿈꾸는 삶, 그 꿈을 이루는 아이로 자라나게 도와줄 것이다.

이렇게 해 보세요

① 아이에게 장래 희망을 물어본다.

　엄마 : 연서는 커서 뭐가 되고 싶어? 눈을 감고 한번 생각해 볼까?

　아이 : 의사가 되고 싶어요.

② 자신이 되고 싶은 직업의 사람처럼 꾸미고 사진을 찍는다.

　엄마 : 그럼 의사처럼 보이려면 어떤 것이 필요할까?

　아이 : 의사 가운이랑 청진기 같은 거요.

　→ 의사가 되고 싶다면 의사 가운을 입고 장난감 주사기나 청진기를 들고 사진을 찍을 수 있다. 의사 가운이 없다면 의사 가운과 비슷한 하얀 옷을 입고 찍는다.

③ 사진이 인화되면 꿈 상자(A4 용지 크기의 상자) 앞부분에 붙이고 상자를 꾸민다. 상자에 '미래의 ○○○(우주인, 의사, 선생님 등)'이라고 적는다.

④ 꿈 상자 안에 꿈과 관련된 물건들이나 자료들을 넣을 수 있도록 도와준다.

　엄마 : 이 상자 안에 무엇을 넣으면 좋을까? 연서가 의사가 되기 위해 필요

한 것은 무엇이 있을까?

아이 : 공부를 잘해야 하니까 책이 필요해요.

엄마 : 그래. 병원이나 의사에 관련된 동화책을 찾아볼까?

아이 : 네. 그리고 또 무엇이 필요할까요?

💡 Tip

- 아이 스스로 정한 꿈이 부모의 뜻과 다르더라도 아이의 의견을 존중해 줍니다.
- 만화 주인공이나 실현 불가능한 인물이라도 이해하고 아이가 활동할 수 있도록 도와줍니다.
- 아이들의 꿈은 자주 바뀔 수 있으니 항상 응원하고 도와줍니다.
- 꿈에 대한 정보를 스스로 찾되 부모님, 선생님, 친구들을 통해서도 정보를 모을 수 있도록 합니다.

🔻 리더십 스토리

나의 꿈 상자 만들기 계획서

1. 나의 꿈은 _____ 입니다.

2. 꿈 상자에 넣을 물건은 _____ 입니다.

3. 나의 꿈을 이루기 위해 노력해야 할 것은 _____ 입니다.

4. 꿈 상자는 우리 가족이 모두 응원해 줘야 합니다. 가족의 응원 메시지를 적어 주세요.

   예) 아빠 김광수의 응원 메시지 : 연서야, 너는 꿈을 꼭 이룰 수 있을 거야!

가족 이름	응원 메시지

다음 내용을 큰 소리로 읽은 다음 이름을 적고 지장을 찍어 다짐해 주세요.

나의 다짐

나는 매일 꿈 상자를 열어 보고 소명을 이루기 위해 노력하겠습니다.

이름 :　　　　　　(지장)

꿈 통장 만들기

3월 3주

나의 꿈에 대해 생각해 봤다면 그 꿈을 이룰 수 있도록 도와주는 꿈 통장을 만들자. 꿈이 구체화되었기 때문에 그 꿈을 이루기 위한 과정을 계획하고 준비해야 한다. 그 활동 중의 하나로 '통장 만들기'를 할 수 있다. 엄마와 함께 은행에 가서 통장을 개설하고 꿈을 위해 어떻게 돈을 모을 것인지 계획하자. 이런 활동을 통해 아이가 무언가를 위해 돈을 절약하면서 절제력을 배우고 계획성 있는 생활을 할 수 있다. 이런 자기 절제력은 셀프 리더십에 중요한 역할을 한다.

이렇게 해 보세요

① 이루고 싶은 꿈을 생각한다.

　엄마 : 연서는 의사가 되고 싶다고 했지?

　아이 : 네.

② 꿈을 이루기 위한 준비 과정을 계획한다.

　엄마 : 의사가 되려면 어떤 준비를 해야 할까?

　아이 : 공부를 많이 해야 해요.

　엄마 : 그러면 책도 사야겠네.

　아이 : 네.

③ 꿈 실천 목록을 작성 후 스스로 예산을 세운다.

　예) 의사나 인체 관련 전시회 관람하기 : 관람료 - 만 원

　　　우리 몸에 대한 동화책 구입하기 : 책값 - 만 오천 원

④ 은행에서 예금 통장을 만들어 꿈 통장이라 쓰고 목표 금액을 적는다.

[꿈 통장 개설 순서]
- 용돈 주머니를 정한다.
- 부모님이나 어른이 주는 용돈을 주머니에 모은다.
- 엄마와 함께 은행에 방문하여 꿈 통장을 만든다.
- 용돈 주머니에 모아진 돈을 계속 은행에 저금한다.
- 일정 기간을 두고 예금하는 습관을 들인다.

Tip
- 너무 먼 미래보다는 가까운 미래에 꿈을 위해 실천할 수 있는 사항들을 적습니다(관련 전시회나 영화 관람하기, 관련 도서 구입하기, 꿈과 관련된 인물 만나기, 자료 수집하러 도서관 가기 등).
- 꿈을 위해 돈을 모으다 보면 돈의 소중함과 바른 씀씀이에 대해서도 알게 됩니다. 정확한 기준을 두어 용돈을 주고 원칙을 정해 통장에 예금할 수 있도록 합니다.
- 부모님이 꿈에 대해 상기시켜 줌으로써 아이가 스스로 미래에 대해 생각하고 결정하여 준비하도록 하며 용돈이 생길 때마다 아이의 손을 잡고 은행에 방문하여 저축의 즐거움을 심어 줍니다.
- 꿈 통장 만들기를 적극적으로 실천하면 아이가 돈의 바른 의미와 가치를 알게 되어 가족 구성원으로서의 자신의 위치와 가족 경제에 관심을 갖는 계기를 마련할 수 있습니다.

리더십 스토리

은행에서 만든 꿈 통장의 표지를 그려 보아요.

3월 4주
캡처북

셀프 리더십은 나 자신에 대해 제대로 아는 것에서부터 시작된다고 할 수 있다. 이를 위해서는 내가 무엇에 관심이 있는지 알고 그 분야에 대해 깊이 생각하고 연구하는 자세가 필요하다. 아이가 자신이 관심 있는 분야에 대해 알아보고 캡처북을 만드는 과정을 통해 적극적인 자기표현 능력을 키울 수 있으며 정보를 모으고 수집함으로써 정보 활용 능력을 배울 수 있다.

이렇게 해 보세요

① 아이가 관심 있어 하는 주제가 무엇인지 알아본다.

　　엄마 : 희준이가 요즘 가장 좋아하는 것은 뭐야?

　　아이 : 요즘에는 공룡이 제일 좋아요.

　　엄마 : 왜?

　　아이 : 힘세고 멋있잖아요.

② 신문이나 잡지, 인터넷 검색을 통해 자료를 모은다. 주변 사람들에게 알려서 자료를 모을 수도 있다.

　　엄마 : 그럼 공룡에 대한 책을 만들자.

　　아이 : 어떻게요?

　　엄마 : 공룡에 대한 사진, 설명 등을 책이나 인터넷에서 모으는 거야.

　　아이 : 재밌겠어요.

③ 책을 만든다. 종이를 여러 장 모아 접어 붙여 스테이플러로 찍거나 한 장으

로 책 만드는 방법을 이용한다.
④ 모아진 자료를 캡처북에 붙여 보관하며 새로운 정보를 계속 추가한다.

💡 Tip
- 캡처북의 사용을 일회성으로 마칠 것이 아니라 지속해서 추가, 유지될 수 있도록 도와줍니다.
- 캡처북을 소중히 다뤄서 망가지지 않도록 하고 아이의 활동을 격려해 준다면 아이의 의욕이 더욱 높아집니다.

🔻 리더십 스토리

내가 관심 있는 것을 주제망에 그려 넣어 보아요.

※주제망은 가운데에 동그라미를 그린 후 주제를 써 넣고 가지를 쳐서 관련 있는 것을 적어 넣는 활동입니다.

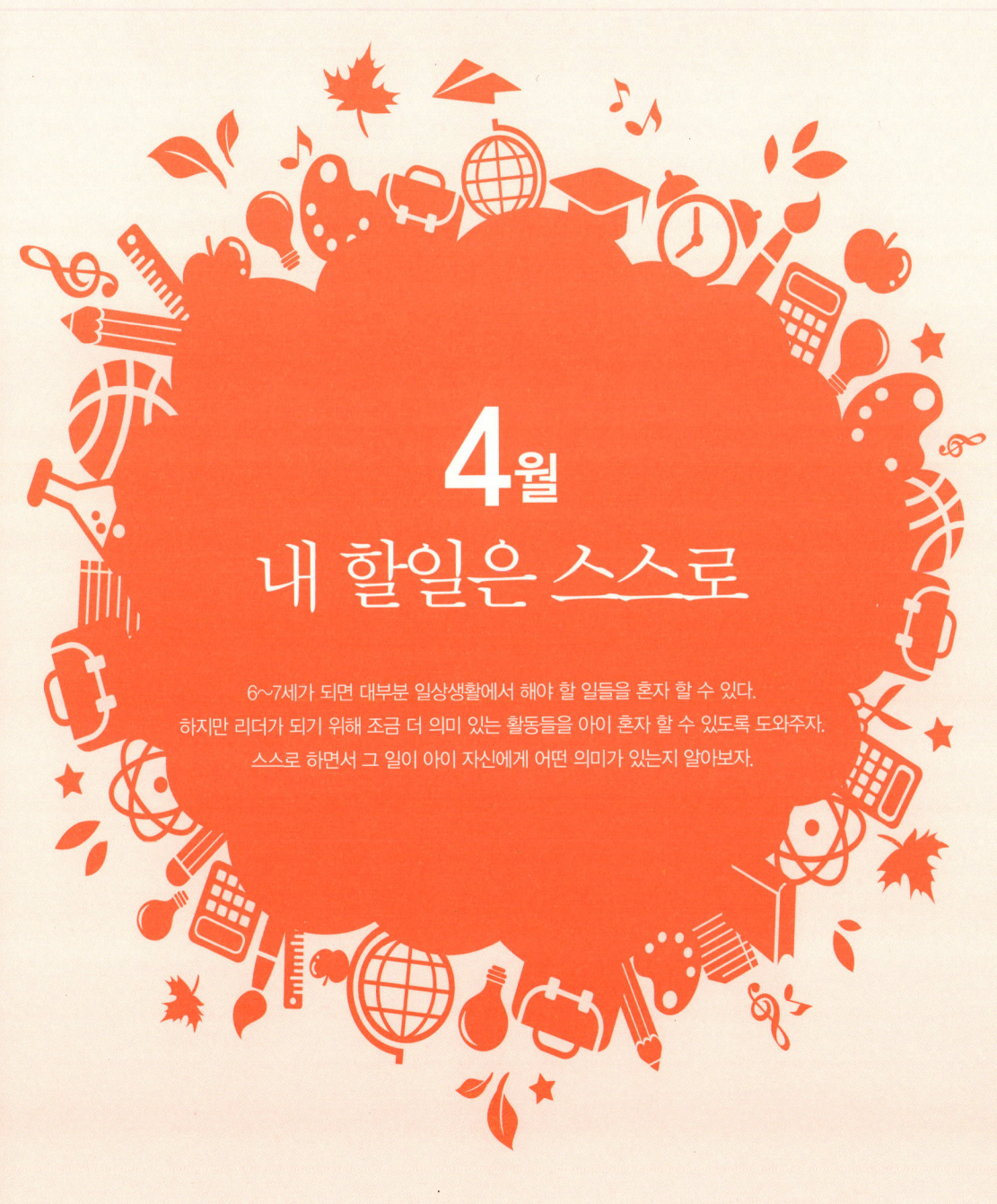

4월
내 할일은 스스로

6~7세가 되면 대부분 일상생활에서 해야 할 일들을 혼자 할 수 있다. 하지만 리더가 되기 위해 조금 더 의미 있는 활동들을 아이 혼자 할 수 있도록 도와주자. 스스로 하면서 그 일이 아이 자신에게 어떤 의미가 있는지 알아보자.

4월 1주
혼자 목욕해요

3월에는 자신의 미래를 계획하고 꿈을 위해 노력하면서 리더십을 키웠다면 4월은 자신의 할 일을 스스로 하는 진정한 셀프 리더십을 기르는 자세를 가질 때다. 혼자 씻는 데 익숙해졌다면 이제 혼자서 목욕을 할 수 있도록 도와주자. 혼자 목욕하는 시간은 자신의 몸에 관심을 가지고 소중히 다룰 수 있게 하는 중요한 시간이기도 하다.

이렇게 해 보세요

① 따뜻한 물을 욕조에 적당히 채운다(엄마가 온도 맞추는 것을 도와준다).
② 옷을 벗고 욕조에 들어가 따뜻한 물로 몸을 적신다.
③ 비누 거품을 만들어 온몸 구석구석을 문지른다.
④ 깨끗한 물로 헹군다.
⑤ 마른 수건으로 몸을 꼼꼼히 닦는다.

Tip

- 물이 뜨거워질 수 있으므로 물 온도 맞추는 것은 부모님이 도와줍니다.
- 아이가 자신의 몸을 청결하게 소중히 다룰 수 있도록 이야기해 줍니다.

🌱 리더십 스토리

혼자 목욕하는 데 필요한 물건들을 그림으로 그린 다음 이름을 글자로 적어 보아요.

4월 2주
내 옷을 정리해요

　빨래를 하고 널고 개는 일은 중요한 집안일 중 하나다. 엄마의 일로만 여겨졌던 옷 정리를 아이 스스로 할 수 있도록 기회를 주자. 아이가 자신의 옷을 스스로 정리함으로써 자립심을 기를 수 있다. 또한 옷을 개는 일은 의외로 체계적이고 재미있어서 교육적 효과와 재미를 동시에 누릴 수 있는 활동이다.

이렇게 해 보세요

① 자신의 옷을 정리해서 넣는 것은 리더십 활동의 시작이다. 그런데 아이 혼자 옷을 개서 옷장에 넣으라고 하면 아이가 어려워할 수 있다. 다음 글을 엄마와 함께 읽고 스스로 옷을 개어서 옷장에 넣어 보자.

- 티셔츠 개기

  옷의 양끝을 손가락으로 잡고 탁탁탁 세 번 턴다.

  옷을 펼쳐서 바닥에 놓고 왼쪽과 오른쪽이 똑같아지도록 가운데를 향해 반으로 접는다.

  옷의 위아래가 만날 수 있도록 반으로 접는다.

  서랍에 옷을 가지런히 넣는다.

- 바지(치마) 개기

  옷의 양끝을 손가락으로 잡고 탁탁탁 세 번 턴다.

  옷의 허리 부분을 양손으로 잡고 가운데를 중심으로 반을 접는다.

  옷의 위아래가 만날 수 있도록 반을 접는다.

서랍에 옷을 가지런히 넣는다.

　• 수건 개기

　　수건의 양끝을 손가락으로 잡고 탁탁탁 세 번 턴다.

　　수건을 바닥에 놓고 반으로 접은 다음 양쪽의 뾰족한 곳에 맞춘다.

　　수건을 반으로 두 번 더 접는다.

　• 양말 개기

　　양말의 양끝을 손가락으로 잡고 탁탁탁 세 번 턴다.

　　양말 두 개를 모양이 맞게 포갠다.

　　양말을 반으로 접는다.

　　한쪽 양말 속으로 다른 쪽 양말 끝을 넣는다.

② 옷을 개는 것이 어려울 때는 우선 수건 개기와 양말 개기를 시작한 다음 익숙해지면 옷 개기를 해 본다.

Tip

- 아이가 스스로 할 수 있도록 지켜봅니다.
- 부모님이 일대일로 눈을 맞추며 가르쳐 주는 방법이야말로 아이에게 큰 교육이 됩니다.
- 옷을 서랍에 넣고 난 후 아이에게 칭찬과 격려를 해 줍니다.
- 옷 색깔별로 개기, 옷 모양별로 개기, 옷 종류별로 놓기 등의 활동을 통해 분류 개념을 익힐 수 있습니다.
- 엄마와 함께 빨래를 걷어 와서 자연스럽게 활동을 시작합니다.

🔻 리더십 스토리

내가 혼자서 할 수 있는 일은 어떤 일이 있는지 그림으로 나타내거나 적어 보아요.

4월 3주

내 방 청소하기

아이가 자신이 사용한 물건을 제때 정리하고 정리된 환경에서 생활하는 것에 익숙해지도록 도와주자. 정돈된 환경은 정돈된 생활을 할 수 있도록 도와주며 아이가 계획적인 삶을 살 수 있게 해 준다. 리더십은 삶이 정돈되어 있을 때 길러진다. 아이가 꾸준히 정리 정돈하는 습관을 기를 수 있도록 내 방 청소하는 방법을 알아보자.

이렇게 해 보세요

① 책상 위를 정리한다. 필기도구는 서랍이나 연필꽂이에, 책은 책장에 꽂고 걸레로 책상 위를 닦는다.
② 바닥에 있는 장난감, 책 등을 종류별로 분류하여 정리한다. 효율적으로 분류할 수 있도록 바구니를 만들고 이름을 적어 준다.
③ 빗자루로 바닥을 쓸어 낸다.
④ 걸레로 바닥을 닦는다.
⑤ 걸레를 빨아 널어놓는다.

Tip
- 내 방 정리를 처음 시도하는 아이에게는 먼저 책상만 정리하게 하고 다음에 바닥을 정리할 수 있도록 합니다.
- 매일 실천할 수 있도록 그때그때 정리하고 습관이 되게 도와줍니다.

🔻 리더십 스토리

내 방을 잘 정리하였는지 답해 보아요.

1. 자고 일어난 침대를 스스로 정리했나요?

2. 다 읽고 난 책을 스스로 정리했나요?

3. 놀고 난 후 장난감을 제자리에 놓았나요?

4. 바닥에 음식을 흘리면 바로 닦았나요?

5. 외출 후 벗은 옷을 스스로 정리했나요?

6. 학원에 다녀온 후 가방을 제자리에 놓았나요?

4월 4주
실내화 빨기

실내화를 빠는 것은 쉬운 일이 아니다. 하지만 아이가 자신의 실내화를 스스로 빨면서 힘든 일을 해냈다는 성취감을 느낄 수 있으며 자신의 일을 스스로 하면서 자립심도 기를 수 있다. 또한 어려운 일일수록 문제 해결력을 기르는 데에 도움이 된다.

이렇게 해 보세요

① 실내화가 들어갈 수 있는 크기의 대야와 가루비누, 운동화(실내화)를 세척할 수 있는 솔을 준비한다.
② 대야에 가루비누 1스푼을 넣고 잘 섞일 수 있도록 젓는다.
③ 가루비누가 섞인 대야에 실내화를 넣고 10분 정도 기다린다.
④ 세척 솔로 실내화의 앞부분과 뒷부분, 오른쪽과 왼쪽 부분을 각각 5번씩 쓱싹쓱싹 닦고 깔창도 5번씩 닦는다.
⑤ 하얀 세제물이 나오지 않을 때까지 실내화와 깔창을 헹군다.
⑥ 실내화와 깔창이 마를 수 있도록 바람이 잘 통하는 곳에 비스듬히 세워 둔다.

Tip

- 아이가 자신의 실내화를 스스로 빨 때는 칭찬과 격려를 아끼지 않습니다. 부모님의 생각과 달리 조금 더럽게 빨았더라도 응원해 주고 부족한 부분을 친절하게 설명해 줍니다. 아이 스스로 할 수 있는 일이 늘어 간다는 것은 아이에게

큰 즐거움을 줍니다.
- 실내화 빠는 방법을 구체적으로 가르쳐 주면서 아이가 잘 기억할 수 있도록 도와줍니다.

5월
가족과 함께

가족과 함께하는 5월이다.
가족에 대한 고마움과 소중함을 느끼고 가족을 위해
내가 무엇을 할 것인지 고민하는 활동으로 구성되어 있다.

5월 1주
파란 수첩

　파란 수첩은 부모님과 마음을 나누는 도구로 코칭 멤버인 부모가 아이를 도울 수 있도록 만드는 것이다. 또한 부모와 아이가 교환 노트를 통해 사랑의 메신저를 보내는 방식으로 의사소통을 하는 방법 중 하나다. 아이가 자신의 생각과 의견을 그림과 글로 표현하는 과정에서 자기 표현을 분명하게 하는 방법을 배울 수 있다.

🕐 이렇게 해 보세요
① 엄마가 먼저 파란 수첩을 준비한다.
② 준비한 수첩에 연령, 개인차에 따라 그림이나 글로 표현한다.
③ 매일매일 정해진 시간에 활동한다.
　예) 하루 동안 자신의 기분, 특정 행동에 대한 반성 등에 대해 잠자기 전에 서로에게 전달한다.
④ 파란 수첩을 서로 약속한 위치에 놓고 사용한다. 일정한 시간 약속이 되어 있지만 그 외에 전달하고 싶은 마음을 파란 수첩을 통해 전할 수 있다.

[파란 수첩 예시]

___월 ___일 ___요일

엄마, 오늘 아침에 엄마 속상하게 해서 죄송해요. 하지만 엄마가 제 마음을 몰라주시는 것 같아 속상했어요. 앞으로는 엄마 속상하게 하지 않을게요.

___월 ___일 ___요일

영희야, 엄마가 네 마음을 몰랐구나. 엄마도 영희 마음 아팠을까 봐 걱정했단다. 앞으로는 영희 마음 이해하는 엄마가 될 수 있도록 노력할게.

💡 Tip

- 아이에게 부모님의 권위를 내세우기 전에 아이의 마음을 헤아리고 이해합니다. 아이는 부모님의 배려가 담긴 글을 통해 다른 사람의 마음을 먼저 생각하는 마음가짐을 배웁니다.
- 리더십 교육은 부모님의 도움 없이는 불가능합니다. 파란 수첩 활동을 통해 부모님이 멘토가 되어 아이의 리더십 활동을 도와줍니다. 부모님과 돈독한 관계를 유지하고 아이의 상황이나 감정들을 부모님과 함께 느끼고 공감하는 것은 아이가 리더십 있는 사람으로 커 나가는 데 밑거름이 됩니다.

🔻 리더십 스토리

파란 수첩에 부모님에게 하고 싶은 말을 적어 보아요.

5월 2주

밥상 차리기

아이가 밥상 차리기를 경험함으로써 가족 구성원으로서 가족의 일에 함께 참여하면서 소속감을 가질 수 있다. 또한 음식에 대한 소중함을 느낄 수 있는 시간이 된다.

이렇게 해 보세요

① 리더십 다이어리에 실천 과제를 적는다.

예) 식사 예절 기억하고 외우기, 가족과 함께 상 차리기, 식사 후 정리하기, 식사 예절 지키기, 느낀 점 말하고 적기

② 밥상 차리는 순서를 직접 경험한다.

[밥상 차리기 순서]

- 행주로 식탁을 닦는다.
- 수저를 바르게 놓는다.
- 반찬을 올려놓는다.
- 밥과 국을 올려놓는다(뜨거운 그릇은 부모님이 도와준다).
- 어른에게 "먼저 드세요."라고 말한 다음 "잘 먹겠습니다."라고 예의를 갖춘다.
- 어른이 식사를 시작하고 나서 식사한다.
- 식사를 마치고 "잘 먹었습니다."라고 말한다.
- 식사가 끝나면 그릇과 반찬 정리를 돕는다.

💡 Tip

- 가족과 함께 식사 예절과 상 차리기를 경험하고 느낀 점을 말합니다.
- 아침과 저녁 일상 중 역할을 분담하고 식사를 마친 후 정리 정돈하는 예절을 익히며 실천하는 시간을 가집니다.

🌱 리더십 스토리

일주일 동안 밥상 차리기 순서를 지켰는지 O표 해 보아요.

밥상 차리기 순서	체크 리스트						
	월	화	수	목	금	토	일
1. 행주로 식탁을 닦는다.							
2. 수저를 바르게 놓는다.							
3. 반찬을 올려놓는다.							
4. 밥과 국을 올려놓는다 (뜨거운 그릇은 부모님이 도와준다).							
5. 어른에게 "먼저 드세요."라고 말한 다음 "잘 먹겠습니다."라고 예의를 갖춘다.							
6. 어른이 식사를 시작하면 식사한다.							
7. 식사를 마치고 "잘 먹었습니다."라고 말한다.							
8. 식사가 끝나면 그릇과 반찬 정리를 돕는다.							

5월 3주

가족과 함께하는 대청소

아이가 가족과 함께 청소를 하면서 가족 구성원으로서의 역할이 생기고 가족과 함께할 수 있는 일이 생기면서 화합과 사랑, 행복을 느낄 수 있다. 또 청소 후의 청결함에 대해 뿌듯함을 만끽할 수 있다.

이렇게 해 보세요

① 청소에 필요한 도구를 준비한다(앞치마, 머릿수건, 마스크, 걸레, 청소기 등).

② 가족과 함께 어디를 어떻게 청소할지 역할을 분담한다.
- 청소 장소 : 거실, 안방, 작은방, 화장실, 주방
- 청소 방법 : 창문 닦기, 바닥에 떨어진 것 줍기, 바닥 쓸기(청소기 돌리기), 걸레로 닦기

③ 청소복을 착용한 후 청소를 시작한다.

④ 청소 후 느낀 점을 이야기한다(힘들었던 점, 좋았던 점).

Tip

- 청소하다 위험한 부분은 부모님이 도와주고 아이가 청소를 잘하는지, 위험한 상황이 일어나지는 않는지 주의 깊게 살펴봅니다.
- 아이 스스로 할 수 있는 과제를 줍니다.

🌱 리더십 스토리

우리 집 구조를 간단하게 그리고 누가 그곳을 청소할지 청소 지도를 그려 보아요.

5월 4주

가족 직업 체험

다양한 직업을 경험함으로써 아이에게 맞는 꿈을 찾을 수 있다. 또한 부모님과 가족들의 직업을 체험하면서 부모님을 존경하고 이해하는 마음이 생길 수 있다. 아이가 직업 체험을 통해 자신의 삶에 대해 적극적이고 긍정적인 태도를 가지게 할 수 있도록 도와주자.

이렇게 해 보세요
① 부모님(삼촌, 이모, 고모, 할머니, 할아버지 등)의 직업에 대해 이야기 나눈다.
② 체험하고 싶은 직업을 선택한다.
③ 체험 일을 정하여 체험 계획을 세운다.
④ 체험 후 리더십 스토리에 체험 일지를 작성한다.

Tip
- 아이 스스로 직업을 선택하게 해 줍니다.
- 아이의 마음에 드는 직업이 없을 경우에는 주변 지인의 도움을 받아 다양한 직업 선택을 할 수 있도록 도와줍니다.

🔻 리더십 스토리

직업 체험 계획을 세워 보아요.

1. 체험하고 싶은 직업은?

2. 체험 날짜는?

3. 체험 장소는?

4. 체험하게 될 일은?

6월
성장하기

6월의 주제는 성장이다.
리더로서 몸과 마음이 바르게 성장할 수 있도록
구체적이고 효과적인 방법들을 실천해 보자.

6월 1주

나의 멘토

본받고 싶은 위인이나 주변 인물을 찾아 멘토로 정해 보자. 전문적인 지식을 가진 한 명의 인물을 정해 두고 배우려는 자세를 가지는 것은 리더로 성장하는 구체적이고 효과적인 활동 중 하나다.

🕐 이렇게 해 보세요

① 멘토에 대해 알아보고 이야기 나눈다.

　엄마 : 오늘은 우리 준서의 멘토에 대해 알아볼 거야.

　아이 : 멘토가 뭐예요?

　엄마 : 네가 닮고 싶고 배우고 싶고 또 커서 그렇게 되고 싶은 사람을 말해.

　아이 : 그래요?

　엄마 : 응. 준서는 커서 어떤 사람이 되고 싶어?

　아이 : 아픈 사람을 고쳐 주는 의사요.

　엄마 : 그럼 엄마가 의사 선생님을 만나서 이야기하는 시간을 만들어 줄게.

② 리더십 다이어리에 실천 과제를 적는다.

　[나만의 멘토 실천법]
- 꿈을 적는다.
- 멘토를 정한다.
- 멘토와 만난다(준비물 : 질문지).

③ 멘토를 만나서 어떤 질문을 할지 적는다.

④ 꿈과 관련된 인물을 직접 만날 수 있게 도와준다. 아이의 꿈이 소방관이라면 실제 소방관을 만나서 이야기를 들을 수 있게 해 주면 된다.

💡 Tip

- 아이가 말한 인물이 실제로 만나기 어려운 인물이라면 관련 기사나 책을 찾아서 읽게 해 줍니다. 최대한 비슷한 일을 하는 사람을 만나서 궁금한 점을 물어볼 수 있도록 도와줍니다.
- 질문은 구체적으로 적되 아이가 스스로 생각해서 적을 수 있도록 도와줍니다.

🌱 리더십 다이어리

나의 멘토를 만나면 물어보아요.

질문

1.

2.

3.

4.

5.

6월 2주

전화 스피치

상호 작용의 한 매체인 전화를 통하여 자신감 있게 말하는 연습을 한다. 아이가 상황에 맞게 적절하고 예의 바르게 이야기하는 법을 배움으로써 다른 사람을 배려하는 리더로서의 자질을 기를 수 있다.

이렇게 해 보세요

① 전화기를 들고 엄마와 아이가 통화를 한다.
② 어떤 상황인지 정한 다음 내용을 읽고 연습한다.

[전화 스피치의 예]

- 발신하기(전화 걸기)

  안녕하세요? ○○○의 집이죠?

  저는 △△△의 친구 ○○○입니다.

- 수신하기(전화 받기)

  안녕하세요? 여기는 ○○○의 집입니다.

  저는 ○○○입니다. 어떻게 전화하셨나요?

- 집안 어른에게 안부 전화하기

  아이 : 안녕하세요? △△△댁이죠? 저는 ○○○입니다.

  웃어른 : 아이고, 반갑다. 어떤 일로 전화했니?

  아이 : 가을이 되니 날씨가 쌀쌀해졌어요. 감기 조심하세요.

  웃어른 : 고맙구나. 아주 의젓한 ○○○이 되었네.

아이 : 자주 전화 드릴게요. 그럼 안녕히 계세요.

 Tip

실제 어른들에게 전화해서 연습합니다.

리더십 스토리

전화를 걸고 받은 다음 아래 표를 완성해 보아요.

전화를 걸어요		전화를 받아요	
전화 건 사람		전화 받은 사람	
전화 스피치 내용		전화 스피치 내용	

6월 3주
세계 여러 나라의 인사법

글로벌 시대에 맞게 다양한 세계관과 문화 차이에서 오는 충돌을 최소화하고 인종과 국적에 상관없는 평등하고 건전한 관계를 맺을 수 있는 능력을 키울 수 있다. 세계 여러 나라의 인사법을 배운 다음 친구 또는 가족과 연습한다.

이렇게 해 보세요

① 세계 여러 나라의 인사법을 배운다.

[세계의 인사법]

- 하와이 : '알로하' 하며 서로 끌어안고 양쪽 볼을 대며 인사한다.
- 이스라엘 : '샬롬 샬롬' 하면서 상대방의 어깨를 주물러 준다.
- 중국 : '씨에씨에, 니하오마' 하며 자기의 두 팔을 들어서 팔목을 잡고 허리를 굽혀 정중히 인사한다.
- 스페인 : '부아레스 디아스' 하며 서로 끌어안아 한 바퀴 돈다.
- 알래스카 : '브덴니 음음' 하며 두 주먹을 코에 붙여 서로 끝을 비빈다.
- 인도 : '오! 살로모어' 하며 양손을 입에다 붙였다 떼면서 서로 끌어안아 준다.
- 네팔 : '나마스테'를 세 번 하며 양손을 머리에 얹고 허리를 90도 굽혀 인사한다.

② 가족과 함께 다양한 인사법을 해 본다.

③ 매일 하루에 한 번 친구 또는 가족에게 여러 나라 인사법으로 인사한다.

④ 우리 가족만의 인사법을 만들어 실천한다.

 Tip
- '인사를 먼저 할 수 있는 사람은 성공한다'라는 말이 있습니다. 가정에서도 아침에 일어나서 인사하고 저녁에 만났을 때 다시 인사하는 등 반갑게 인사하는 문화를 만들어 아이가 인사는 어색하고 쑥스러운 것이 아니라는 인식을 가질 수 있게 도와줍니다.
- 실제로 외국인을 만났을 때 아이가 먼저 인사할 수 있도록 합니다.
- 우리 가족만의 재미있고 따뜻한 인사법을 만들고 매일 인사합니다.

리더십 스토리

다음 세계 여러 나라의 인사법을 따라해 보아요.

인사법	인사하면서 느낀 점
하와이	
이스라엘	
중국	
스페인	
알래스카	
인도	
네팔	

6월 4주
예시바(주제 토론)

유아기의 언어 능력은 아이가 가지고 있는 환경에 따라 큰 차이를 보인다. 예시바 활동은 질 좋은 언어 자극을 통해 아이의 언어 능력이 극대화되도록 도와준다. 특정 주제를 바탕으로 토론하는 예시바 작업을 하며 아이는 논리적인 사고로 자신감 있게 말할 수 있다. 또한 자연스럽게 토론의 목적과 의미를 깨닫게 되어 더 넓은 사회에서 적응할 수 있는 소통 능력을 기를 수 있다.

이렇게 해 보세요

① 토론할 대상과 토론 테이블에 마주 앉는다(온 가족이 함께해도 좋다).

　엄마 : 도연아, 토론이란 어떤 주제를 가지고 자신의 생각을 다른 사람과 함께 이야기하는 거야. 오늘 우리 토론해 볼까?

　아이 : 네, 좋아요.

　엄마 : 어떤 이야기를 함께 나누면 좋겠어?

　아이 : 로봇 장난감 사 주세요. 지난번에 안 사 준다고 하셨잖아요.

　엄마 : 그래. 그 얘기를 해 볼까?

② 토론 주제를 정하여 토론 테이블 중앙에 모두가 볼 수 있도록 올려놓는다.

　엄마 : 그럼 주제는 '로봇 장난감 사기'라고 할까?

③ 시간을 정한다(1분 - 3분 - 5분).

　엄마 : 어느 정도 이야기하면 좋을까?

　아이 : 많이 얘기하면 좋겠어요.

엄마 : 그럼 5분이라 하고 이 모래시계를 두 번 움직이면 5분이 되는 거야.

→ 모래시계를 준비하거나 알람 시계를 올려놓는다.

④ 주제에 대해 자유롭게 이야기를 나눈다.

엄마 : 엄마는 도연이가 로봇 장난감이 다섯 개나 있어서 더 이상은 필요가 없다고 생각해.

아이 : 그래도 이건 새로운 로봇이란 말이에요.

⑤ 시간이 되면 이야기를 마무리한다.

엄마 : 그래. 그럼 네가 용돈을 모아서 사는 걸로 하자.

아이 : 어떤 심부름을 하면 좋을지 이야기해 주세요.

엄마 : 알았어. 자, 토론을 마무리하자.

💡 Tip

- 히브리어로 '앉아 있는'이라는 뜻의 예시바는 유아 스피치 활동의 적극적 수업으로 주제를 가지고 자유롭게 토론하는 것입니다. 아이가 토론을 통해 자신의 생각을 표현하고 흥미롭고 적극적인 자세로 토론에 임하며 대화를 사랑하고 즐길 수 있도록 도와줍니다.
- 아이가 실생활에서 겪을 수 있는 일을 주제로 정합니다.

리더십 스토리

예시바 활동을 해 보아요.

1. 주제는 무엇인가요?

2. 누구와 토론하였나요?

3. 토론은 어땠나요?

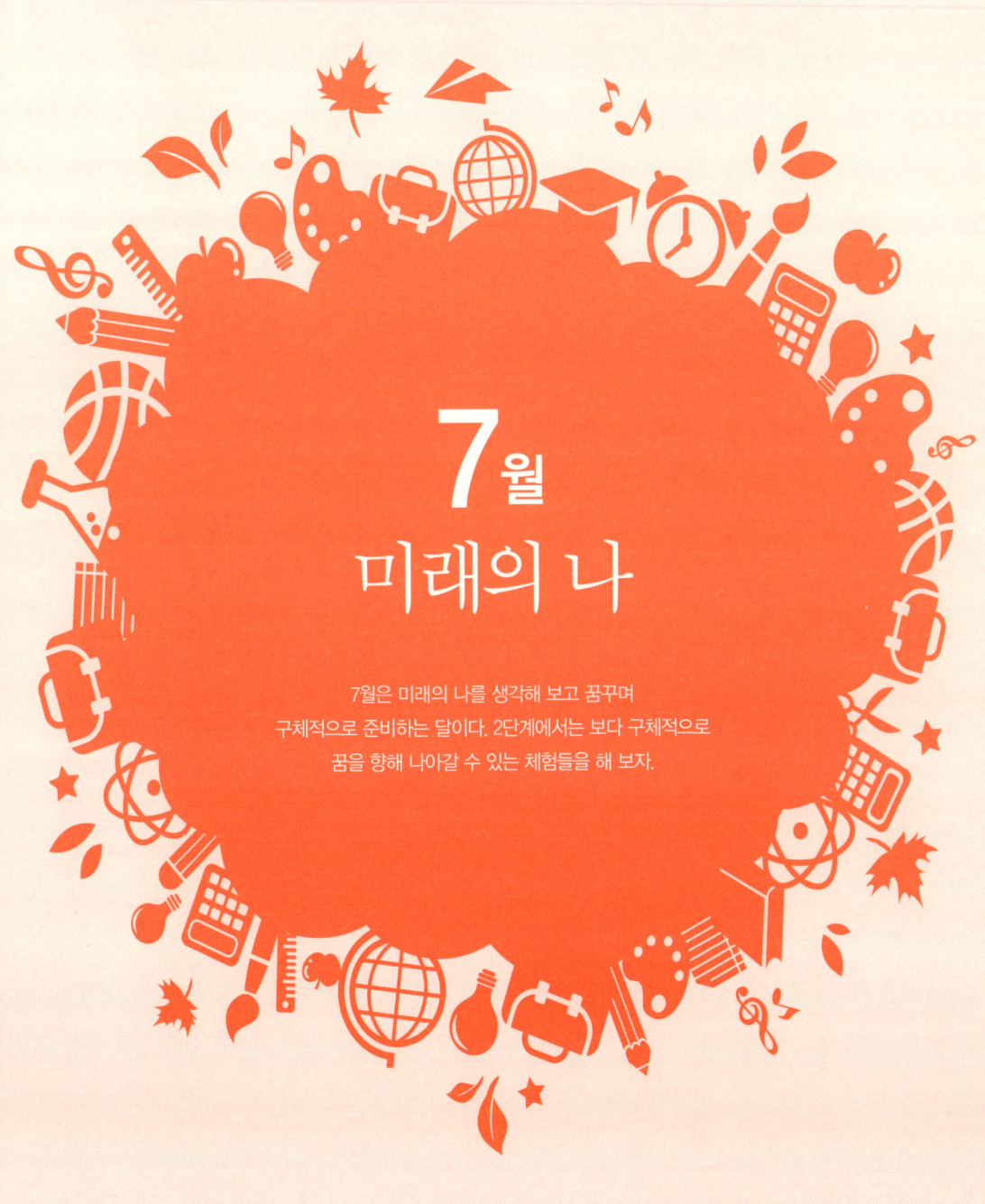

7월
미래의 나

7월은 미래의 나를 생각해 보고 꿈꾸며 구체적으로 준비하는 달이다. 2단계에서는 보다 구체적으로 꿈을 향해 나아갈 수 있는 체험들을 해 보자.

영어 자기소개하기

7월 1주

아이가 자신감 있고 바르게 영어로 자기소개를 할 수 있도록 지도함으로써 대중 앞에서 당당하게 자신을 소개할 수 있는 자신감 넘치는 리더로 자라게 한다. 아이가 리더십 스토리에 적힌 영어 자기소개문을 읽고 가족 및 여러 지인 앞에서 발표할 수 있도록 기회를 마련해 주자.

이렇게 해 보세요

① 영어 자기소개문을 외운다.
② 목소리와 동작을 크게 한다.
③ 매일 아침에 한 번, 저녁에 한 번 총 두 번씩 연습한다.
④ 언제 어디서든 사용할 수 있도록 한다.

Tip

- 부모님들은 아이가 씩씩하고 당당하게 스스로를 소개할 수 있도록 가족들 앞에 서는 법을 지도하고 항상 응원과 격려로 힘을 줍니다.

🌱 리더십 스토리

매일 두 번씩, 영어 자기소개문을 각각 다른 사람에게 발표하고 빈칸에 내용을 적어 보아요.

영어 자기소개문

Hello, Everyone! (여러분, 안녕하세요!)

My name is _____. (저는 _____입니다.)

I want to be a(n) _____. (저는 _____가 되고 싶어요.)

ex) I want to be a singer. (저는 가수가 되고 싶어요.)

I am _____ years old. (저는 _____살입니다.)

I am _____ class in _____ Kindergarten.
(저는 _____유치원 _____반입니다.)

7월 2주
아나운서 되기

아이가 사실을 바르게 전달하고 자신의 생각을 정리하여 정확한 발음과 태도로 말할 수 있게 도와주는 활동이다. 또한 자신감 있게 소식을 전하는 아나운서를 모델링한 말하기 훈련을 통해 스피치 능력을 키울 수 있다.

⏰ 이렇게 해 보세요

① 아나운서가 하는 일에 대해 알아보고 아나운서는 어떻게 말하는지 배운다.
- 뉴스를 통해 아나운서의 모습을 관찰한다.
- 신문이나 책을 많이 읽는다.
- 발음을 연습한다.
- 주말 동안 우리 집에 새로운 소식이 있는지 알아본다.
- 우리 집 소식을 아나운서처럼 앞에 나와서 발표한다.

② 부모님과 함께 아나운서가 할 수 있는 멘트를 찾아보고 직접 아나운서처럼 말한다.

💡 Tip

- 아이가 아나운서 되기 예문을 만들어 읽고 연습하여 외울 수 있게 도와주고 가정에서 마이크와 책상을 준비하여 비슷한 환경을 만들어 줍니다.
- 진지한 태도로 아이를 격려해 줌으로써 아이로 하여금 자신감 있게 발표할 수 있게 합니다.

🌱 리더십 스토리

신문에서 관심 있는 주제의 기사를 찾아 아래에 붙이고 아나운서처럼 읽어 보아요.

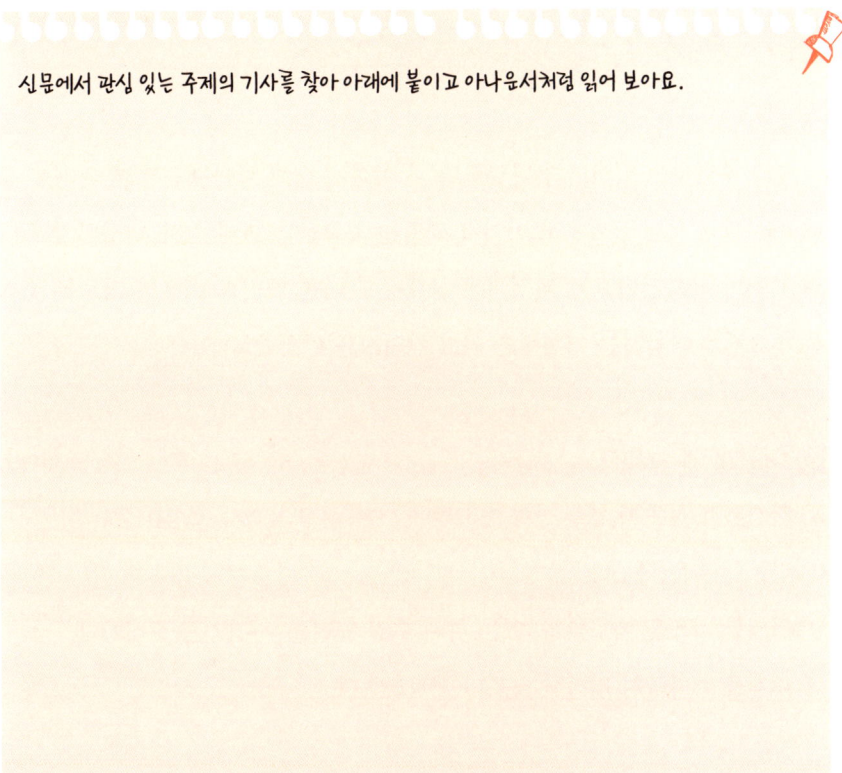

7월 3주
어린이 기자 되기

우리 주변에서 일어나는 다양한 일과 현상에 대해 알아보면서 이 과정을 통해 아이의 호기심을 채우고 아이가 깨닫는 기쁨을 느끼게 하자. 다양한 취재거리를 찾아보고 알아보는 과정에서 상대방에 대한 배려를 배우며 정보를 수집하여 요점을 파악하는 기획력을 얻고 창의성을 발휘할 수 있다.

이렇게 해 보세요
① 취재하고 싶은 대상을 선정한다(엄마, 아빠, 선생님, 의사, 소방관 등).
② 질문할 것을 적는다.
③ 취재한 내용을 메모할 수 있는 취재 수첩과 연필, 사진기를 준비한다.
④ 내용을 정리하여 리더십 스토리에 정리한다.

Tip
- 어린이집이나 가정, 생활 주변에서 일어나는 일을 취재합니다. 내가 고른 기삿거리로 글을 쓰는 자유 기사, 취재 기자나 관계자와 동행하는 현장 탐방 기사, 편집부에서 제시하는 지정 주제로 글을 쓰는 미션 기사 등 소재는 무궁무진합니다.

리더십 스토리

나만의 기사를 작성해 보아요.

취재 대상 :

질문 1.

답변 1.

질문 2.

답변 2.

질문 3.

답변 3.

7월 4주

타임캡슐

미래를 준비하는 모습은 아름답다. 미래를 준비하는 데 도움이 되는 활동 중 하나는 미래를 생각하고 예상하고 꿈꾸는 것이다. 아이와 함께 타임캡슐을 만들어 현재의 꿈과 생각을 적어 보자. 그렇게 함으로써 현재 생활에서 더 노력하는 리더가 될 수 있다.

이렇게 해 보세요

① 나는 어떤 사람이 되고 싶은지 연구하고 생각한다.
② 나의 꿈과 그 꿈을 이루기 위해 해야 할 일들을 적는다.
③ 꿈을 적은 종이를 돌돌 말아 리본으로 묶는다.
④ 투명한 유리병에 꿈 종이를 넣는다.
⑤ 집 앞 놀이터나 화단에 묻는다.
⑥ 부모님과 함께 장소 지도를 그리고 타임캡슐을 열 날짜를 정한다.

Tip

- 부모님들은 아이들의 꿈에 관심을 가지고 그것을 이룰 수 있도록 도와줍니다.
- 타임캡슐을 열어 볼 날짜를 정해 그 날짜에 꼭 열 수 있도록 합니다.

8월
나라 사랑

8월에는 광복절이 있고 바로 9월에는 추석이 있다.
민족성과 주체성을 찾는 활동을 통해 글로벌 시대에서
아이의 위치와 정체성을 찾을 수 있도록 도와주자.

8월 1주

태극기 그리기

　태극기를 그리고 색칠하는 일은 '한국인'으로서의 정체성을 갖게 한다. 또한 태극기 속에 담긴 의미를 알아봄으로써 우리 민족으로서의 자긍심을 가질 수 있다. 어릴 때부터 자신이 어느 나라 사람인지 정체성을 가지고 민족에 대한 자긍심을 느끼는 것은 아이가 든든한 뿌리를 바탕으로 한 리더로 성장하게 할 것이다.

🕐 이렇게 해 보세요

① 부모님과 함께 태극기에 대해 이야기 나눈다.

　엄마 : 태극기는 우리나라를 상징하는 깃발이야. 흰색 바탕에 가운데 태극 문양과 네 모서리에 있는 건곤감리 4괘로 구성되어 있어. 말은 어렵지만 쉽게 설명해 줄게. 태극기의 흰색 바탕은 밝음과 순수, 전통적으로 평화를 사랑하는 우리의 민족성을 나타낸다고 해. 태극 문양은 파란색과 빨간색이 어우러져 조화를 상징하고 있어. '건(3)'은 하늘, '곤(6)'은 땅, '감(5)'은 물, '이(4)'는 불을 상징해. 자연 만물이 함께 조화를 이루는 것을 뜻하지.

② 태극기 그리는 법에 대해 알아본다.

　[태극기 그리는 법]

- 태극 문양을 그린다.
- 팔괘를 그린다.
- 3, 4, 5, 6 숫자를 센다.

③ 리더십 스토리의 태극기를 따라 그리고 색칠한다.

④ 태극기를 만들며 우리나라에 대한 자긍심을 가진다.

Tip

나무젓가락으로 깃대를 만들어 흔들어 봅니다.

리더십 스토리

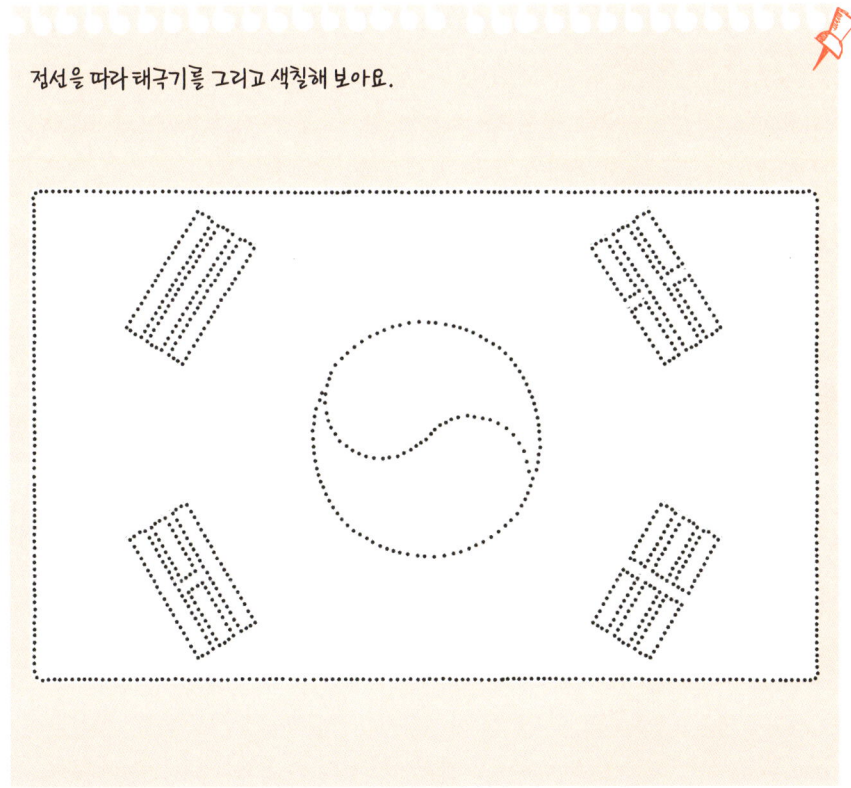

점선을 따라 태극기를 그리고 색칠해 보아요.

8월 2주
애국가 부르기

애국가를 외워 불러 봄으로써 우리 민족의 자긍심과 전통 문화의 위대함을 배운다. 또한 애국가의 가사를 음미하는 일은 우리나라를 이해하는 데 도움을 줄 수 있다. 애국가를 배우고 불러 보자.

이렇게 해 보세요
① 애국가 가사를 보면서 애국가를 듣는다.
② 애국가 가사를 보고 음악을 들은 후 그림을 그린다.
③ 애국가를 한 소절씩 부르며 외운다.
④ 가사를 다 외우면 애국가를 불러 본다(외우지 않고 가사를 보면서 불러도 좋다).

Tip
- 아이가 어려워하는 단어는 설명해 줍니다.
- 아이와 함께 애국가를 불러 주면 아이의 마음속에서 애국심이 더욱 깊이 우러나올 것입니다.

🌷 리더십 스토리

가사를 보고 애국가를 불러 보아요.

• 1절

동해물과 백두산이 마르고 닳도록

하느님이 보우하사 우리나라 만세.

• 2절

남산 위에 저 소나무 철갑을 두른 듯

바람서리 불변함은 우리 기상일세.

• 3절

가을 하늘 공활한데 높고 구름 없이

밝은 달은 우리 가슴 일편단심일세.

• 4절

이 기상과 이 맘으로 충성을 다하여

괴로우나 즐거우나 나라 사랑하세.

[후렴구]

무궁화 삼천리 화려강산

대한 사람 대한으로 길이 보전하세.

우리나라를 빛낸 위인들

8월 3주

우리나라는 5천 년이라는 긴 역사를 가지고 있다. 이런 유구한 역사 속에는 우리나라를 훌륭하게 만들고 지켜 온 조상들이 있다. 아이들에게 훌륭한 위인들에 대해 알려 주는 시간을 가져 보자. 위인에게서 배울 점을 찾고 시대를 이해하고 그 속에서 '나'를 찾아보도록 한다.

이렇게 해 보세요

① 우리나라의 역사와 위인들에 대해 이야기 나눈다.

　엄마 : 우리나라 역사는 5천 년이나 되었어. 그동안 우리나라에서 살고 우리나라를 훌륭하게 만들어 준 조상들이 있단다. 준서가 아는 위인들이 있니?

　아이 : 세종대왕, 이순신이요.

　엄마 : 맞아. 우리 위인들 책을 보고 어떤 일을 한 분들인지 알아보자.

② 한국을 빛낸 100명의 위인들 노래를 불러 본다.

　[한국을 빛낸 100명의 위인들]

　• 1절

　아름다운 이 땅에 금수강산에 단군 할아버지가 터 잡으시고

　홍익인간 뜻으로 나라 세우니 대대손손 훌륭한 인물도 많아.

　고구려 세운 동명왕 백제 온조왕 알에서 나온 혁거세

　만주 벌판 달려라 광개토 대왕 신라 장군 이사부

　백결 선생 떡방아 삼천 궁녀 의자왕

황산벌의 계백 맞서 싸운 관창 역사는 흐른다.

- 2절

말 목 자른 김유신 통일 문무왕 원효 대사 해골물 혜초 천축국

바다의 왕자 장보고 발해 대조영 귀주 대첩 강감찬 서희 거란족

무단 정치 정중부 화포 최무선 죽림칠현 김부식

지눌 국사 조계종 의천 천태종 대마도 정벌 이종무

일편단심 정몽주 목화씨는 문익점

해동공자 최충 삼국유사 일연 역사는 흐른다.

- 3절

황금을 보기를 돌같이 하라 최영 장군의 말씀 받들자.

황희 정승 맹사성 과학 장영실 신숙주와 한명회 역사는 안다.

십만 양병 이율곡 주리 이퇴계 신사임당 오죽헌

잘 싸운다 곽재우 조헌 김시민 나라 구한 이순신

태정태세문단세 사육신과 생육신

몸 바쳐서 논개 행주치마 권율 역사는 흐른다.

- 4절

번쩍번쩍 홍길동 의적 임꺽정 대쪽 같은 삼학사 어사 박문수

삼 년 공부 한석봉 단원 풍속도 방랑 시인 김삿갓 지도 김정호

영조 대왕 신문고 정조 규장각 목민심서 정약용 녹두 장군 전봉준

순교 김대건 서화 가무 황진이

못 살겠다 홍경래 삼일천하 김옥균

안중근은 애국 이완용은 매국 역사는 흐른다.

- 5절

별 헤는 밤 윤동주 종두 지석영 삼십삼 인 손병희

만세 만세 유관순 도산 안창호 어린이날 방정환

이수일과 심순애 장군의 아들 김두한

날자꾸나 이상 황소 그림 중섭 역사는 흐른다.

③ 아이와 함께 모르는 내용에 대해 알아보고 어떤 위인들이 있는지 가사를 통해 살펴본다. 인터넷에서 노래를 찾아 듣고 따라 불러 본다.

💡 Tip

- 위인에 대해 알아보는 것이 어렵게 느껴질 수 있지만 노래를 통해 알아봄으로써 아이가 쉽고 재미있게 느끼게 합니다.
- 노래가 너무 길면 부분부분 따로 듣습니다.
- 어려운 가사는 설명해 주고 궁금한 위인이 있다면 책을 찾아봅니다.

리더십 스토리

한국을 빛낸 100명의 위인 중 닮고 싶은 인물이 누구인지 쓰고 그 이유를 말해 보아요.

8월 4주
옛시조 읊기

옛시조에는 선조들의 생각과 정신, 역사적 사건이 숨어 있다. 아이들에게 짧지만 의미가 깊은 시조를 읊게 함으로써 자랑스러운 선조들의 생각을 배우고 음미할 수 있는 시간을 갖는다. 특히 선조들의 지혜와 효가 나타나 있는 시조를 읽고 다른 사람 앞에서 발표하면서 발표력을 키우는 기회를 가지자.

이렇게 해 보세요

① 시조를 읽는다.

　엄마 : 시조를 읽어 보자. 한 줄씩 한 줄씩 엄마 읽고 석우 읽고 하는 거야.

② 시조가 무슨 내용인지 생각한다.

　엄마 : 모르는 단어가 있니? 무슨 내용인 것 같아? 어떤 상황에서 이 시조를 썼을까?

③ 아이 혼자 다시 한 번 읽는다.

　[어버이 살아신 제 - 정철]

　엄마 : 어버이 살아신 제 섬길 일을 다 하여라.

　아이 : 어버이 살아신 제 섬길 일을 다 하여라.

　엄마 : 지나간 뒤에는 애달프다 어이하리.

　아이 : 지나간 뒤에는 애달프다 어이하리.

　엄마 : 평생에 고쳐 못할 일이 이뿐인가 하노라.

　아이 : 평생에 고쳐 못할 일이 이뿐인가 하노라.

💡 Tip

- 아이가 처음 접해 보는 시조가 다소 어렵게 느껴질 수 있으니 여러 번 읽음으로써 시조와 친해질 수 있는 시간을 주고 시조 속의 교훈을 함께 이야기 나누는 시간을 가집니다.
- 마음에 드는 시조가 있다면 외워 보고 가족들 앞에서 외운 것을 읊어 보는 시간을 가져도 좋습니다. 외운다는 것은 마음에 새긴다는 뜻이기 때문에 여러 번 읽으면서 선조들의 생각을 마음 깊이 이해할 수 있습니다.
- 다 외운 시조를 족자에 써서 걸어 놔도 좋습니다.

🔽 리더십 스토리

옛시조를 읽고 외우며 선조들의 지혜를 생각하는 시간을 가져 보아요.

태산이 높다하되 - 양사언

태산이 높다하되 하늘 아래 뫼이로다.
오르고 또 오르면 못 오를 리 없건마는
사람이 제 아니 오르고 뫼만 높다 하더라.

동창이 밝았느냐 - 남구만

동창이 밝았느냐 노고지리 우지진다.
소 치는 아이는 상기 아니 일었느냐.
재 너머 사래 긴 밭을 언제 갈려 하나니.

9월
자연과 함께

9월부터는 셀프 리더십에서 벗어나 다른 사람을 배려할 줄 아는 '서번트 리더십'을 기르는 활동이 시작된다. 자연과 함께 하는 활동을 통해 자연을 사랑하고 소중히 여길 줄 아는 리더로 성장할 수 있도록 도와주자.

9월 1주
나는 발견왕

　호기심이 왕성한 아이들은 세상을 알아 나가기를 원한다. 관찰 여행에 필요한 준비물을 챙겨 주변에 있는 숲을 찾아 관찰 여행을 떠나자. 아이가 생활 속에서 지나치기 쉬운 부분들에 관심을 가지고 궁금증을 스스로 해결하는 과정을 거칠 수 있도록 도와주자. 이런 활동을 통해 자립심과 문제 해결력을 기를 수 있다.

이렇게 해 보세요
① 돋보기와 채집 그릇, 관찰 수첩과 필기도구를 준비한다.
② 관찰 여행을 떠난다(주변에 위치한 공원 또는 수목원, 앞마당 등).
③ 궁금했던 관찰 대상을 찾아 돋보기를 이용해 관찰한다.
④ 관찰 노트에 자세히 적고 이와 관련된 궁금증을 적는다.
⑤ 채집 그릇에 넣어 채집 상자에 보관한다.

Tip
- 거창하고 번거로운 주제로 관찰 활동을 진행하는 것보다는 생활 속 작은 부분부터 관찰할 수 있도록 유도합니다. 아이가 자신의 삶 속에서 문제를 찾아 답을 얻는 과정은 아이의 자립심을 키워 주는 좋은 교육 방법입니다.
- 돋보기 사용 중 태양을 향해 돋보기를 사용할 경우 눈 건강에 좋지 않은 영향을 끼칠 수 있으니 사용에 각별히 신경 쓰고 깨질 염려가 있으니 신중하게 사용합니다.

🌱 리더십 스토리

내가 관찰한 것에 대해 적어 보아요.

1. 어떻게 생겼는지 그림으로 그려 보아요.

2. 어떤 특징이 있나요?

3. 새롭게 알게 된 것은 무엇인가요?

4. 더 알고 싶은 것은 무엇인가요?

9월 2주

환경 지킴이

글로벌 리더로 성장하기 위해서는 우리 주변뿐만 아니라 우리를 둘러싼 환경 문제에도 관심을 가져야 한다. 또한 작고 사소한 일이더라도 우리가 살고 있는 세계와 지구 환경에 영향을 미칠 수 있다는 것을 알고 실천하는 것이 중요하다. 환경을 위해 아이와 함께 작은 일부터 시작하자. 이는 글로벌 리더로 성장하는 첫걸음이다.

⏰ 이렇게 해 보세요

① 엄마와 함께 환경을 보호하는 방법에 대해서 이야기 나눈다.

  엄마 : 환경을 보호하는 방법에는 어떤 것이 있을까?

  아이 : 유치원에서 배웠는데요. 쓰레기를 버리지 말고 물도 아껴 써야 한대요. 분리수거도 해야 하고요.

  엄마 : 맞아. 그런데 우리는 알고 있지만 잘 실천하지 못할 때가 많아. 일주일 동안 지켜야 할 사항을 리더십 다이어리에 적어 놓고 하나씩 실천해 보면 어떨까?

  아이 : 네. 좋아요.

② 미션에 따라 일주일간 매일 하나씩 실천한다.

  [일주일 미션]

  • 우리 동네 쓰레기 줍기

  • 하루 동안 샴푸, 비누 사용 안 하기

- 우리 집 근처에 있는 나무에 물 주기
- 주어진 음식 남기지 않기
- 하루 동안 TV 보지 않기
- 재활용품으로 생활 도구 만들기

③ 모두 실천하면 환경 지킴이 인증 배지를 만들어 준다.

💡 Tip

- 아이의 관심사와 수준에 맞게 미션을 3~4가지 정도로 줄여서 매일 실천할 수 있습니다(일회용품 쓰지 않기, 저녁 7시 이후에 텔레비전 보지 않기, 물 받아서 쓰기 등).
- 아이와 함께 환경 지킴이 인증 배지를 그리고 증정식을 가집니다.

🌿 리더십 스토리

환경 지킴이 인증 배지를 그려 보아요.

콩나물 키우기

9월 3주

 자연을 아끼고 사랑하는 마음을 가지기 위해서는 직접 식물을 길러 보는 방법만큼 좋은 것이 없다. 아이와 함께 기르기 쉽고 친근한 콩나물을 길러 보고 가족들에게 대접하는 시간을 가지자. 식물을 기르는 과정을 통해 식물을 사랑하는 마음을 가지고 가족들에게 대접하기 위해 준비하면서 식물에 대한 가치를 깨닫게 될 것이다.

이렇게 해 보세요

① 책을 통해 콩나물에 대해 알아본다.
② 콩나물 키우는 방법대로 콩나물을 키운다.
  [콩나물 키우는 법]
  - 콩나물 콩과 페트병, 검은 천, 콩나물 틀을 준비한다.
  - 약 하루 정도 콩을 물에 불린다(약솜 위에 올려놓고 솜에 물을 뿌려 불리는 방법도 있고 물을 담은 그릇에 콩을 넣어 두는 방법도 있다).
  - 페트병 위에 물이 잘 통과할 수 있는 까만색 천을 덮어 준다.
  - 까만 천 위에 콩나물 콩을 적당히 올려 둔다.
  - 물을 자주 준다(1시간에 한 번꼴로).
  - 콩 위에 또다시 검정색 천을 덮어 햇볕이 들지 못하게 막는다.
③ 콩나물이 다 자란 후에는 요리법을 배워 요리해서 가족들에게 대접한다.

💡 Tip

- 콩나물은 빛을 보면 콩이 초록색으로 변하거나 잘 자라지 않기 때문에 꼭 검정색 헝겊을 덮어서 햇볕이 들지 못하게 하고 페트병도 검정색이면 좋습니다. 햇볕이 한줌도 들어가지 않게 잘 관리해야 하고 깨끗한 환경을 유지합니다.
- 콩나물 키워 대접하기는 아이 혼자 하기 어려운 주제이므로 코칭 멤버로서 부모님의 역할이 큽니다. 재배 요령을 잘 알려 주고 요리 시 안전사고가 일어나지 않도록 도와줍니다.
- 콩나물을 데쳐서 무쳐 먹거나 콩나물밥을 해 먹어 봅니다.
- 콩나물을 기르면서 식물의 성장을 관찰하고 음식을 해 먹으면서 식물에 대한 고마운 마음을 가집니다.

리더십 스토리

콩나물 관찰 일지를 적어 보아요.

경과일	콩나물 모양(그림)	관찰 내용
1일		
2일		
3일		
4일		
5일		
6일		
7일		

9월 4주

새집 만들기

아이에게 자연과 생명의 소중함을 가르쳐 주는 방법 중의 하나는 동물과 친해지는 것이다. 동물을 기르면 좋지만 그게 어려울 때에는 새집 만들기를 해 보자. 새집을 만들어 나무에 거는 경험을 통해 자연과 친해지고 생명의 소중함을 아는 리더로 성장할 수 있다.

이렇게 해 보세요

[준비물] 상자, 휴지(5장), 나뭇잎, 나뭇가지, 상자 꾸밀 재료(색연필, 색종이, 풀, 가위 등)

① 부모님과 함께 새들이 사는 집이나 모양 등에 대해 이야기 나눈다.

엄마 : 새집을 본 적 있니?

아이 : 나무 위에 있는 둥지를 본 적이 있어요. 아, 딱따구리가 나무에 구멍 뚫고 사는 것을 텔레비전에서 봤어요.

엄마 : 맞아. 새들이 그렇게 집을 짓고 거기에 알도 낳고 새끼도 기른단다. 그런데 새집이 없으면 어떨까?

아이 : 알을 낳을 곳과 쉴 곳이 없어져요.

엄마 : 도시에는 새들이 쉴 곳이 마땅하지 않아서 전봇대가 나무인 줄 알고 둥지를 짓는 새들도 있고 지붕 밑에 집을 짓는 새들도 있어. 이런 새들을 위해서 우리가 새집을 지어 주면 어떨까?

② 이야기를 나눈 후 집에서 쓰다 남은 상자를 찾아본다.

③ 나만의 새집을 위해 상자를 예쁘게 꾸민다.

④ 꾸민 상자 안에 나뭇가지를 가로, 세로로 엮어서 깐다.

⑤ 나뭇가지 위에 길게 찢은 휴지나 나뭇잎을 폭신하게 깐다.

⑥ 완성된 새집을 나무 위나 지붕 위에 올려 둔다.

💡TIP

- 새집을 사람의 손이 닿지 않는 나무 위에 걸어 두고 관찰합니다.
- 새집을 만들어 주면 좋은 점에 대해서 아이와 이야기 나눕니다.
- 새집이 나와 있는 책을 아이와 함께 읽으면 더욱 좋습니다.

리더십 스토리

완성된 새집의 사진을 찍어 붙이거나 그림으로 그리고 새집 이름을 만들어 보아요.

10월
체험 학습

10월에는 더 넓은 세상으로 나아가 체험해 보는 활동으로 구성되어 있다. 박물관이나 공연 관람을 통해 보다 넓고 다양한 시각을 가진 리더로 성장할 수 있다.

10월 1주
도서관 가기

책에 대한 흥미를 가지게 하는 좋은 방법으로 도서관 가기를 들 수 있다. 리더가 되기 위해서는 책을 가까이하는 것이 중요하다. 또한 책을 통해 새로운 지식과 정보를 얻고 자료를 찾는 방법을 익혀 보자.

이렇게 해 보세요

① 부모님과 함께 도서관에 대해서 이야기 나눈다.
② 부모님과 함께 도서관에 갈 날짜를 정한다.
③ 도서관에서 찾아보고 싶은 책 목록을 만든다.
④ 도서관에 도착하여 목록표를 확인하며 책을 찾아본다.
⑤ 책을 살펴본 다음 읽을 책을 가지고 자리를 정하여 앉는다.
⑥ 도서관 예절을 지키며 책을 읽는다.
⑦ 책을 읽고 독후감을 쓴다.

Tip

- 도서관의 좋은 점, 도서관에서 지켜야 할 예의 등에 대해 이야기 나눕니다.
- 아이의 수준에 맞는 책을 3~5권 정도 골라서 읽을 수 있도록 도와줍니다.
- 도서 대출증을 만들고 도서 대출을 합니다.

🌱 리더십 스토리

도서관에 다녀온 후 다음 질문에 답해 보아요.

1. 도서관 이름은 무엇인가요?

2. 도서관에서 고른 책의 제목은 무엇인가요?

3. 책을 읽고 난 후 느낀 점을 적어 보아요.

10월 2주

박물관 관람

박물관은 어떤 특정한 주제에 대해 깊이 있게 알 수 있는 곳이다. 아이가 평소에 관심 가졌던 분야의 박물관을 찾아 연구하고 생각하는 기회를 가져 보자.

⏰ 이렇게 해 보세요

① 가족과 상의하여 어느 박물관을 갈지 정한다.
② 방문할 박물관과 같은 주제의 책을 찾아보고 어떤 것을 관람하면 좋을지 알아본다.
③ 박물관 홈페이지에 들어가서 어떤 전시가 되어 있는지 살펴보고 이용 방법을 알아본다.
④ 예약을 한 후 지정된 시간에 입장하고 관람한다.
⑤ 관람하기 전에 관람 예절에 대해 알아본다.
⑥ 관람하고 싶었던 것들을 찾아서 관람한다.
⑦ 관람 후 느낌을 이야기한다.

💡 Tip

- 박물관 홈페이지를 찾아보고 박물관을 어떤 순서로 관람하면 좋을지 계획을 세웁니다.
- 박물관에서 지켜야 할 예절에 대해 알아봅니다.
  1. 박물관 내에서는 음료수, 껌, 과자 등을 먹지 않습니다.

2. 전시물에 손을 대거나 손상을 입힐 수 있는 행동을 하지 않습니다.

3. 조용히 이야기합니다.

4. 뛰어다니거나 장난치지 않습니다.

🔻 리더십 스토리

박물관 관람 후 작성해 보아요.

1. 박물관 이름은 무엇인가요?

2. 언제 박물관에 다녀왔나요?

3. 박물관 관람 경로를 그려 보아요(박물관 안내지를 붙인 후 사인펜으로 덧그리거나 홈페이지에서 지도를 출력한 후 지도를 그려요).

4. 박물관 관람 후 느낌을 적어 보아요.

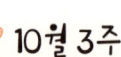

공연 관람

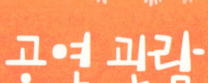

문화 체험을 하는 방법으로 공연 관람을 추천한다. 텔레비전이나 컴퓨터, 스마트폰 등 영상에 익숙해져 있는 아이들에게 공연을 접할 기회를 주면 보다 생생하고 흥미로운 문화에 관심을 가지게 될 것이다. 리더는 다양한 체험을 통해 길러지며 유아기 때 체험한 공연 문화는 자라면서 더 수준 높은 공연을 즐길 수 있는 발판을 마련해 줄 것이다.

이렇게 해 보세요

① 어떤 공연을 관람할지 부모님과 함께 상의한다.

② 아이의 관심, 연령, 내용, 공연 날짜, 공연장 위치 등을 고려해서 선정한다.

③ 공연 내용에 대해 알아보고 미리 공부한다.

④ 표를 예매한다.

⑤ 관람 전에 관람 예절에 대해 알아본다.

　[공연 관람 예절]

- 단정한 복장을 입는다.
- 관람 중에 떠들지 않는다.
- 미리 화장실을 다녀온다.
- 공연 중 밖에 나가지 않는다.
- 관람석에서 일어나지 않는다.

⑥ 관람 후 느낌을 적는다.

🔆 Tip

- 공연 관람 에티켓에 대해 더 알아알아봅니다.

    1. 공연 중에는 음료수, 껌, 과자 등을 먹지 않습니다.

    2. 조용히 이야기합니다.

    3. 뛰어다니거나 장난치지 않습니다.

    4. 공연이 끝난 후에는 박수를 칩니다.

- 공연 팸플릿을 사서 보는 것도 도움이 됩니다.

🔖 리더십 스토리

공연 관람 후 작성해 보아요.

1. 어떤 공연을 봤나요?

2. 언제 공연장에 다녀왔나요?

3. 함께 관람한 사람은 누구인가요?

4. 공연 티켓을 붙여 보아요.

5. 공연 관람 후 느낌을 적어 보아요.

10월 4주

기차 여행

요즘은 자동차를 타고 다니는 일이 많아 기차를 탈 기회가 적다. 기차를 타면 운전하는 아빠나 엄마도 함께 여행을 즐길 수 있고 자동차에서 누릴 수 없는 여유도 만끽할 수 있다. 기차를 타고 기차 여행의 즐거움과 계절의 변화를 느끼는 기회를 가져 보자.

이렇게 해 보세요

① 어디로 여행 갈지 가족과 계획을 세운 다음 리더십 다이어리에 적는다.
　예) 기차 안에서 가족과 함께 추억 만들기, 가족들과 사진 찍기, 다녀온 느낌 말하고 적기
② 기차 여행에 대해 알아본다.
　• 기차 여행을 하면 좋은 점
　• 기차 이용 방법 : 티켓 끊기, 기차역 위치 알아보기, 탑승 방법 알아보기
③ 기차 여행을 실천한다.

Tip
- 여행을 통해 자연을 사랑하고 자연에 감사하는 마음을 가질 수 있도록 부모님이 무심코 행하는 비교육적인 생활 습관에 유의합니다.
- 기차 여행이 어렵다면 대중교통을 이용한 여행을 계획합니다. 운전하는 사람 없이 온 가족이 여유로운 여행을 즐길 수 있습니다.

🔽 리더십 스토리

사랑하는 사람과 기차 여행을 떠나요.

1. 함께 떠난 사람은 누구인가요?

2. 여행지는 어디였나요?

3. 여행지에서 본 것은 무엇인가요?

4. 여행하면서 기념이 될 만한 내용을 붙여 보아요(기차표, 나뭇잎, 입장권, 사진 등).

11월
유아 경제

11월은 자녀들의 경제관념을 길러 주는 활동으로 구성되어 있다. 이 연령에서는 수의 개념이 확실하고 어느 정도 돈에 대한 개념도 가지고 있으므로 보다 구체적인 경제 활동이 가능하다.

11월 1주
슈퍼마켓 다녀오기

　아이가 처음 심부름을 하게 되면 걱정되는 마음이 드는 동시에 언제 이렇게 컸나 하며 뿌듯한 마음도 든다. 심부름은 아이에게 경제관념을 가지게 할 뿐만 아니라 가족 구성원으로서 자신의 위치와 역할을 찾는 데에도 도움이 된다. 아이에게 적절한 과제를 주고 슈퍼마켓에 다녀오게 해 보자.

이렇게 해 보세요
① 부모님에게 필요한 재료가 무엇인지 물어본다.
② 사야 할 것을 메모지에 적는다.
③ 필요한 재료가 기록된 메모지와 돈, 장바구니를 들고 근처 슈퍼에 간다.
④ 필요한 물건을 순서대로 장바구니에 넣는다.
⑤ 사야 하는 것들을 모두 구매했는지 확인한다.
⑥ 계산대에 장바구니를 올려놓고 계산이 끝나기를 기다린다.
⑦ 계산이 끝나면 얼마인지 물어보고 금액에 맞게 돈을 지불한다.
⑧ 구매한 물건과 함께 영수증, 거스름돈을 반드시 챙긴다.
⑨ 구입한 물건, 영수증, 거스름돈을 확인하고 부모님에게 준다.

Tip
- 처음에는 엄마와 함께 슈퍼마켓에 가 보고 몇 번 익숙해지면 아이 혼자 갈 수 있도록 합니다. 물론 엄마가 지켜볼 수 있는 거리에서 하도록 해야 안전합니다.

- 아이와 슈퍼마켓 다녀오기를 자주 실천하면서 어떤 물건이 좋고 싱싱한 것인지 평소에 자주 알려 줍니다. 아이는 부모님으로부터 삶의 크고 작은 지혜들을 배우고 익히게 됩니다.
- 아이가 성취감을 느낄 수 있도록 실천 과제를 적절히 준비합니다.
- 슈퍼마켓 다녀오기의 첫 번째 목적은 경제관념을 기르는 것이고 두 번째는 필요한 물건을 계획해 구매하는 것입니다. 또한 물건을 사고 거스름돈을 챙기는 등의 경험을 통해 시장 원리를 이해하는 것입니다. 아이가 이 세 가지를 잘 지킬 수 있도록 도와줍니다.
- 다음 사항을 체크하면 아이의 경제관념이 어느 정도 자리 잡고 있는지 알 수 있습니다.

    1. 천 원을 주면 마트에서 700원짜리 아이스크림을 사고 300원을 거슬러 올 수 있나요?
    2. 가족이 생활하기 위해 돈을 쓰는 곳을 다섯 가지 이상 말할 수 있나요?
    3. 엄마, 아빠의 회사명과 직업을 말할 수 있나요?
    4. 물건 리스트를 주면 혼자 장을 봐 올 수 있나요?

리더십 스토리

장보기 목록을 적고 영수증을 붙여 보아요.

11월 2주

절약하기

절약이라는 개념이 아이에게는 어려울 수 있다. 생활 속에서 절약할 수 있는 실천 사항들을 알려 주고 지키도록 도와준다면 아이가 절약의 개념을 쉽게 이해하고 실천할 수 있을 것이다. 절약을 알게 하는 활동 중에 냉장고 지도 그리기가 있다. 냉장고 지도를 그려 봄으로써 냉장고에 이미 있는 음식을 또 사는 낭비를 막고 냉장고에 있는 음식을 먹지 않고 버리는 일이 없도록 한다.

이렇게 해 보세요

① 절약에 대해 이야기 나눈다.

　엄마 : 민채야, 절약이라는 말 들어 본 적 있니? 어떻게 하는 게 절약일까?

　아이 : 손 씻고 나서 물을 잠그고 쓰지 않는 불을 끄는 거예요.

　엄마 : 그래. 오늘은 냉장고에 있는 음식을 버리지 않고 깨끗하게 다 먹음으로써 음식 낭비를 하지 않을 거야. 냉장고 지도를 함께 그려 보자.

② 냉장고 지도 그리기에 대해 이야기 나눈다.

　엄마 : 냉장고 지도를 그리면 어떤 점이 좋을까?

　아이 : 냉장고를 안 열어 봐도 알 수 있어요.

　엄마 : 맞아. 그리고 냉장고에 있는 음식을 잊지 않고 먹을 수 있지.

③ 냉장고 지도를 리더십 스토리에 그린다.

④ 냉장고를 열고 확인하면서 냉장고 지도를 그리고 음식을 다시 제자리에 넣는다.

🔆 Tip

- 부모님은 자원을 절약하는 방법을 아이와 함께 고민하고 아이가 실천할 수 있도록 도와줍니다.
- 냉장고에 있는 음식 중 버리게 되는 음식은 어떤 것이 있는지, 왜 버렸는지, 어떻게 해야 버리지 않고 아껴 먹을 수 있는지 생각합니다.
  예) 한꺼번에 많이 사지 않기, 유통 기한 알 수 있도록 냉장고 밖에 표시하기, 음식이 잘 보이도록 정리하기, 냉장고 지도를 보고 나서 냉장고 열기

🌱 리더십 스토리

냉장고 안에는 무엇이 있는지 냉장고 지도를 그려 보아요.

11월 3주

아나바다 실천하기

요즘 아이들은 물건을 너무 쉽게 사고 버린다. 물건이 풍족하기도 하지만 부모들이 물건을 아껴 쓰는 개념을 가르치지 않아서이기도 하다. 자신의 물건을 살펴보고 다시 쓸 수 있는 물건, 나눠 쓸 수 있는 물건 등으로 분류하여 생각한다면 물건의 소중함과 아껴 쓰는 방법에 대해서 알 수 있을 것이다. 또한 자원의 재활용에 대해 배우고 다른 사람을 돕는 방법에 대해서도 알아보자.

이렇게 해 보세요

① 바자회가 무엇인지 이야기 나눈다.

　엄마 : 바자회란 우리가 쓰지 않는 물건을 팔아서 번 돈으로 어려운 사람을 돕는 것을 말해.

　아이 : 아, 그래요? 나 안 가지고 노는 장난감 많아요.

　엄마 : 그래. 우리 오늘 집에서 쓰지 않는 물건들을 찾아보자.

② 우리 집에 어떤 물건들이 있는지 분류하고 리더십 스토리를 활용하여 적는다(매일 쓰는 물건, 한 번 쓴 물건, 일주일에 한 번 쓴 물건, 한 번도 안 쓴 물건).

③ 분류한 뒤 한 번도 쓰지 않은 물건을 고른다.

④ 물건을 깨끗하게 빨고 닦아서 정리한다.

⑤ 가격을 정한다.

⑥ 우리 동네 벼룩시장에 물건을 내 놓는다(벼룩시장 사이트 알아보기).

⑦ 바자회 수익금이 생기면 어려운 이웃을 도와줄 수 있는 방법을 찾는다.

💡 Tip

- 바자회의 뜻을 알아보고 우리가 쓰지 않던 물건이 어려운 이웃에게는 꼭 필요한 물건이 될 수 있다는 것을 알게 합니다. 또 아이가 스스로 어려운 이웃을 도울 수 있는 좋은 기회이니 가정에서도 우리 주변에 도움이 필요한 이웃이 많다는 것을 알려 줍니다.
- 부모님이 물건을 분류하는 일과 벼룩시장 알아보는 일을 도와줍니다.
- 어려운 이웃을 도울 수 있는 방법에 대해서도 함께 알아봅니다. 고아원, 양로원 등에 필요한 물건을 가져다주거나 기부금을 낼 수 있습니다.

🔻 리더십 스토리

다음 목록에 맞게 물건의 이름을 적어 보아요.

1. 매일 사용하는 물건

2. 한 번 사용한 물건

3. 일주일에 한 번 정도 사용하는 물건

4. 한 번도 사용하지 않은 물건

11월 4주
심부름 용돈 모으기

부모님이 무한정 용돈을 줄 수는 없다. 돈을 버는 어려움을 알고 돈의 소중함을 알게 하는 것은 아이가 경제관념을 정립하는 데 매우 중요하다. 심부름을 하면서 용돈을 버는 일을 통해 나의 꿈을 구체적으로 계획하고 준비해 보자.

이렇게 해 보세요
① 용돈 주머니를 정한다.
② 스스로 용돈을 벌 수 있는 방법을 부모님과 함께 의논한다(콩나물 사 오기, 아빠 구두 닦기, 할머니 안마하기, 빨래 개기, 설거지하기 등).
③ 용돈 주머니에 용돈을 차곡차곡 모은다.
④ 다 모은 용돈은 부모님과 함께 은행에 가서 저축한다.
⑤ 저축한 용돈을 어디에 사용할지 계획한다.

Tip
- 미래를 스스로 계획하고 준비하는 과정이기 때문에 부모님은 아이 스스로 계획하고 실천할 수 있게 도와주고 용돈이 생길 때마다 아이의 손을 잡고 은행에 방문하여 저축의 즐거움과 기대감을 심어 줍니다.
- 용돈을 어디에 쓸지 결정할 때 아이의 꿈과 연관시켜 꿈을 이루는 데에 맞게 사용할 수 있도록 도와줍니다(책 사기, 무언가 배우기 등).

🔻 리더십 스토리

용돈 모으기 리스트를 작성해 보아요.

실천 목록	금액
빨래 개기	
설거지하기	
안마하기	
아빠 구두 닦기	
슈퍼 심부름하기	
내 방 청소하기	

12월
따뜻한 마음

12월은 이웃들을 돌아보며 따뜻한 마음을 기르는 달이다. 쉽고 재미있는 활동을 통해 아이들이 따뜻한 마음을 표현할 수 있도록 도와주자.

손수건 리더

12월 1주

　유아기는 자기중심적으로 사고하는 시기다. 신체적으로 다른 사람을 배려하고 이해하기 어려운 나이이기도 하고 가정에서 어려움 없이 사랑만 받고 자라다 보면 다른 사람을 배려할 기회가 줄어든다. 손수건 리더 활동을 실천하면서 남을 돕고 다른 사람과 소통하고 공감하는 능력을 키울 수 있도록 하자.

이렇게 해 보세요

① 작은 손수건을 예쁘게 개어 매일 주머니에 넣고 다닌다.
② 친구나 가족이 울면 손수건을 꺼내어 눈물을 닦아 준다.
③ 친구나 가족의 코가 나왔을 때 손수건을 꺼내어 코를 닦아 준다.
④ 선생님이나 부모님이 땀 흘리며 일하면 손수건을 꺼내어 땀을 닦아 준다.

Tip

- 손수건은 바지나 치마 주머니 안에 넣고 다닐 수 있는 사이즈가 적당하며 손수건을 잃어버리지 않도록 이름을 새겨 놓습니다. 또한 위생적인 생활을 위해 매일 손수건을 세탁합니다.
- 손수건을 매일 주머니에 넣고 다니면서 가족, 친구가 울면 손수건을 꺼내어 닦아 주는 모습을 그림이나 사진으로 남깁니다. 이를 통해 작은 손수건으로 큰 사랑을 표현할 수 있음을 알게 해 주고 사회가 정서적 교감을 통해 서로 돕고 공존하는 곳임을 느낄 수 있습니다.

12월 2주

기부하기

풍요로운 시대에 어려움 없이 자라고 있는 아이에게 우리 주변의 어려운 이웃을 돌아볼 수 있는 기회를 주도록 하자. 노숙자, 독거노인 등 아이들이 잘 모르는 어려운 이웃이 많다는 것을 깨닫고 그들을 도울 수 있는 구체적인 실천 방법을 생각해 보자. 이 활동을 통해 서번트 리더십을 실천할 수 있다.

⏰ 이렇게 해 보세요

① 우리 주변에 있는 어려운 이웃(노숙자, 독거노인 등)에게 필요한 것이 무엇인지 생각한다.
② 우리 집에서 사용하지 않는 물건 중에서 필요한 것이 있는지 살펴본다.
③ 기부할 물건이 정해지면 작은 편지에 내용을 적는다.
④ 기부할 단체를 찾아본다.
⑤ 단체를 찾아가서 물건을 전달하거나 우편으로 보낸다.

💡 Tip

- 자신이 모은 용돈의 일부를 기부하는 것도 좋습니다.
- 어려운 사람을 돕는 것이 어떤 의미가 있는지 함께 생각합니다.
- 기부할 단체를 인터넷을 통해 찾아보고 어떤 단체가 좋을지 정합니다.
  예) 아름다운 가게(www.beautifulstore.org), 세이브더칠드런(www.sc.or.kr), 유니세프(www.unicef.or.kr) 등

🔻 리더십 스토리

어려운 이웃에게 필요한 것이 무엇이 있을지 잡지나 신문에서 그림을 오려 붙여 보아요. 잡지나 신문이 없는 친구들은 그림으로 표현해 보아요.

노인정 방문하기

12월 3주

주변의 이웃을 생각하며 노인 공경의 마음을 어떻게 표현할 수 있을지 스스로 생각해 보고 우리 가까이에 있는 노인정을 방문해 할아버지, 할머니에 대한 효와 예의를 몸에 익히게 한다.

이렇게 해 보세요

① 아이와 함께 노인정의 어르신을 돕는 방법에 대해 이야기 나눈다.

　엄마 : 노인정에는 할아버지, 할머니들이 많이 계셔. 우리가 가서 재미있게 해 드리면 좋아하실 거야. 우리 동하는 뭘 해서 기쁘게 해 드리면 좋을 것 같아?

　아이 : 나는 노래를 잘하니까 노래를 해 드리면 좋아하실 것 같아요.

② 재능 기부에 대해 이야기 나눈다.

　엄마 : 지난주에 기부해 봤지? 돈이나 물건 기부하는 것 말고 재능을 기부하는 게 있어. 우리 동하가 잘하는 것을 도움이 필요한 사람에게 행동으로 기부하는 것을 말해. 어떤 재능을 기부할 수 있을까?

③ 사랑 나눔 티켓을 만든다.

　엄마 : 우리가 생각한 재능을 '사랑 나눔 티켓'으로 만들어 보자.

　[사랑 나눔 티켓 만드는 법]

　• 티켓을 만들기 위해 색연필과 색종이 등을 준비한다.

　• 노인정의 어르신을 위해 하고 싶은 일이나 내가 할 수 있는 실천 사항들을

정하고 예쁘게 꾸민 다음 부모님에게 주고 내용대로 실천한다.
- 간단한 음식을 함께 만들어서 노인정을 방문한다.

💡 Tip
- 한복 입고 방문해서 옛시조 및 민요 부르기, 노래 부르기, 안마하기, 맛있는 요리 만들어 가져다주기 등의 재능을 기부할 수 있습니다.

🌱 리더십 스토리

사랑 나눔 티켓을 만들어 보아요.

12월 4주

손님 초대하기

가족 다음에 아이와 가장 가까운 사람으로 친척, 이웃, 친구 등을 들 수 있을 것이다. 아이는 가족 다음으로 가까운 사람과의 적극적인 상호 작용을 통해 사회성을 기를 수 있다. 또한 대화를 통해 더 넓은 세상을 경험하고 다른 사람을 섬기는 마음을 가지도록 할 수 있다.

⏰ 이렇게 해 보세요

① 나만의 요리로 초대하고 싶은 친구나 지인을 생각한다.
② 초대할 손님을 위해 초대장을 만든다.
③ 내가 할 수 있는 요리(또는 차, 선물)를 생각한다.
④ 슈퍼 다녀오기를 통해 장을 보고 요리 계획을 세운다.
⑤ 요리를 만들어 예쁘게 담고 친구나 지인이 오기를 기다린다.
⑥ 친구나 지인이 오면 준비한 요리를 즐겁게 먹는다.

💡 Tip

- 나만의 요리가 어려울 때는 작은 선물이나 전통차로 대신할 수 있습니다.
- 손님 초대 시 지켜야 할 예절을 잘 실천할 수 있도록 도와줍니다.
- 손님을 위해 준비한 간단한 요리, 선물, 그림, 전통차 중에 선택하여 손님과 함께 사진을 찍습니다.

🔻 리더십 스토리

초대장을 만들어 보아요.

1월
새해를 준비해요

1월은 새해 계획을 세우고 한 해를 의미 있게 보내기 위해 준비하는 달이다. 아이가 새해 계획을 세우고 실천하면서 리더십을 기르고 가족과 함께 소통하면서 더 나은 나로 발전할 수 있도록 돕는다.

가훈 만들기

1월 1주

예전에는 가훈이 있는 집이 많았지만 요즘은 가훈을 가진 집이 많지 않다. 새해를 맞아 한 집안의 지침이 되는 가훈을 만들어 보자. 가훈을 정해 가족의 실천 덕목으로 삼아 가정의 질서와 화목을 위해서 지켜 나갈 수 있도록 한다.

⏰ 이렇게 해 보세요

① 온 가족이 모인 자리에서 가훈이 무엇인지 설명한다.

　엄마 : 우리 가훈 만들어 볼까?

　아이 : 가훈이 뭐예요?

　엄마 : 가훈은 우리 가족 모두가 마음에 두고 지키면 좋을 말이야.

　아이 : 그래요?

② 아이가 지킬 수 있는 가훈을 만들기 위해 '생각 - 선택 - 행동'의 3단계를 통해 가훈 만들기를 유도한다.

　엄마 : 어떤 것을 우리 가족이 꼭 지켜야 할까? (생각)

　아이 : 싸우지 말자.

　엄마 : 예쁘게 말하자.

　아이 : 음, 서로 사랑하자. 동생을 잘 돌보자.

　아빠 : 모든 일에 감사하자.

　엄마 : 이 중에서 어떤 것을 하면 좋을 것 같아? (선택)

　아이 : 서로 사랑하자!

엄마 : 그럼 서로 사랑하려면 어떻게 행동해야 할까?

③ 마지막으로 가훈을 결정한 다음 '우리가 스스로 정한 약속이니 반드시 지킬 수 있도록 늘 생각하며 실천하자'라고 말하고 마무리한다.

💡 Tip

- 다음 가훈 예시를 보고 아이와 함께 생각해 봅니다.

  1. 건강한 가족 화목한 가정 성실한 생활
  2. 세상은 밝게 살며 마음은 넓게 갖고 희망은 크게 품자.
  3. 흙처럼 진실하게 꽃처럼 아름답게 벌처럼 성실하게
  4. 사랑하는 마음 서로 돕는 생활 웃음 짓는 가정
  5. 머리에는 지식을 가슴에는 사랑을 손발에는 근면을
  6. 최고보다는 최선을 다하는 사람이 되자.

- 아이가 자유로운 의사 표현을 할 수 있도록 도와주고 비난이나 비판은 절대하지 않습니다.
- 가훈을 정한 후 아이와 가훈 액자를 만들어 전시하고 사진으로 남깁니다.

리더십 스토리

가훈을 만들고저어 보아요.

1월 2주

새해 소망 달력

새해에 내가 바라는 점이 무엇인지 생각해 보고 새해 소망을 이루기 위해 어떤 것을 할 수 있을지 계획해 본다. 달력을 직접 만들어서 실천 사항을 적은 다음 벽에 붙여 놓고 실천할 수 있도록 한다.

🕒 이렇게 해 보세요

① 색상 도화지에 달력 모양을 그린다(동그라미, 동물 모양, 일반 달력 모양 등).
② 달력에 날짜를 쓴다.
③ 달력 조각들을 오려서 붙이거나 쓴다.
④ 예쁘게 꾸민다.
⑤ 뒷면에 우드락을 붙여 판을 만든다.
⑥ 달력에 새해 소망이나 '_____ 어린이가 되겠습니다'라는 내용을 쓴다.
⑦ 실천할 때마다 달력의 날짜에 동그라미를 친다.

💡 Tip

- 새해 달력을 만들기 전 아이가 어떠한 달력을 만들 것인지 미리 생각할 수 있도록 해 주고 달력이 어떻게 구성되어 있는지 함께 관찰하고 이야기를 나눈 다음 활동이 이루어지도록 합니다.
- 소망을 적은 다음 실천하면서 달력에 체크할 수 있도록 합니다. 만드는 시점에서 한 달 정도 실천할 수 있는 달력을 만듭니다.

🌱 리더십 스토리

새해에 내가 바라는 소망을 적어 보아요(건강해지기, 책 잘 읽기, 밥 잘 먹기, 아빠와 놀기, 키 크기 등).

새해 소망을 이루기 위해 내가 할 수 있는 일은 무엇이 있는지 적어 보아요.

우리 가족 새해 소망

1월 3주

우리 가족의 새해 소망은 무엇일까? 가족들이 아이에게 바라는 소망은 무엇이 있을까? 아이가 가족들과 함께 새해 소망에 대해 이야기 나누면서 더욱 더 나은 모습이 될 수 있도록 도와주는 시간을 가지자.

⏰ 이렇게 해 보세요

① 새해에 가족들이 서로에게 바라는 소망을 이야기한다.

　엄마 : 우리 서로에게 바라는 소망을 이야기해 보자.

　아이 : 엄마, 난 아빠가 살을 좀 뺐으면 좋겠어요.

　아빠 : 그래. 아빠도 올해에는 살을 빼고 운동을 하는 게 목표야.

　아이 : 엄마는 맛있는 요리를 더 많이 해 주시면 좋겠어요.

　엄마 : 그래. 그럼 엄마는 일주일에 두 번 새로운 요리 연습을 할게.

　아빠 : 아빠는 우리 도은이가 사탕을 조금 덜 먹었으면 좋겠어.

　아이 : 그럼 하루에 하나만 먹을게요.

② 새해 소망을 이루기 위해 내가 실천할 수 있는 방법을 찾아본다.

　엄마 : 그럼 엄마는 일주일에 두 번 새로운 요리를 연습하기로 할게.

　아빠 : 나는 일주일에 세 번 운동하기!

　아이 : 나는 하루에 한 번만 사탕 먹기로 할게요.

③ 이야기한 내용을 크게 적어서 벽에 붙여 놓고 지킬 수 있도록 한다.

💡 Tip

- 지키기 어려운 소망이나 실천 사항이 아니라 실제로 지킬 수 있는 소망, 실천 사항을 정합니다.
- 벽에 붙여 두고 잘 실천할 수 있도록 서로 격려해 줍니다.
- 아이가 생각하는 소망과 가족들이 생각하는 소망은 다를 수 있습니다. 아이가 객관적으로 서로를 바라보는 눈을 기를 수 있도록 도와주고 충분한 대화를 통해 실천 사항과 소망을 정합니다.

리더십 스토리

우리 가족이 서로 바라는 것을 적어 보아요.

	아빠가 바라는 것	엄마가 바라는 것	내가 바라는 것
아빠에게			
엄마에게			
나에게			

우리 집 행사 계획 세우기

1월 4주

우리 집안 행사를 조사하고 계획하면서 가족 구성원으로서 행사에서 아이가 할 수 있는 일은 무엇인지 생각해 보고 실천할 수 있도록 한다.

⏰ 이렇게 해 보세요

① 우리 가족의 행사를 조사합니다.
- 우리 집 행사 : 아빠 생일, 엄마 생일, 부모님 결혼기념일, 할아버지나 할머니 제삿날, 나 또는 누나, 형, 동생의 생일 등
- 명절 : 설날(음력1월 1일), 단오(음력 5월 5일), 추석(음력 8월 15일)

② 여러 가지 가족 행사를 알아봅니다.
- 가족 행사 중 기쁜 날 : 생일, 결혼식, 입학식, 돌잔치, 회갑 등
- 가족 행사 중 슬픈 날 : 제사, 장례식 등
- 모든 가족이 함께 맞는 행사 : 어린이날, 어버이날, 성탄절 등

③ 우리 집의 행사 계획을 좀 더 확장하여 달별로 구분하고 행사 달력을 만들어서 아이들이 쉽게 알아볼 수 있도록 합니다.

리더십 스토리

일 년 동안 이루어질 우리 집 행사를 부모님과 함께 알아보아요.

월	우리 집 행사
1월	
2월	
3월	
4월	
5월	
6월	
7월	
8월	
9월	
10월	
11월	
12월	

2월
유종의 미

2월은 그동안의 리더십 활동을 마무리하고 정리하는 달이다.
아이의 모습이 얼마나 달라졌는지 돌아보고
앞으로의 아이의 모습을 계획해 볼 수 있도록 도와주자.

2월 1주
선생님에게 감사 편지 쓰기

그동안 가르쳐 준 선생님에게 고마움을 전달하는 활동이다. 선생님의 역할을 알아보고 선생님에게 감사의 마음을 편지로 써서 전하자.

이렇게 해 보세요
① 선생님의 역할을 알아본다.
② 선생님의 역할을 경험한다(동생이나 친구 가르치기 등).
③ 경험한 것을 토대로 선생님의 역할이 어떠했는지 서로 이야기 나눈다.
④ 선생님의 역할을 생각하며 감사하는 마음을 갖고 편지를 쓴다.
⑤ 선생님에게 완성된 편지를 전한다.

Tip
• 그동안의 리더십 활동을 함께한 부모님에게 편지를 쓰는 활동으로 바꿔도 좋습니다. 아이가 부모님의 역할을 대신 해 보고 감사의 마음을 갖게 합니다.

🔻 리더십 스토리

선생님 또는 부모님에게 감사 편지를 써 보아요.

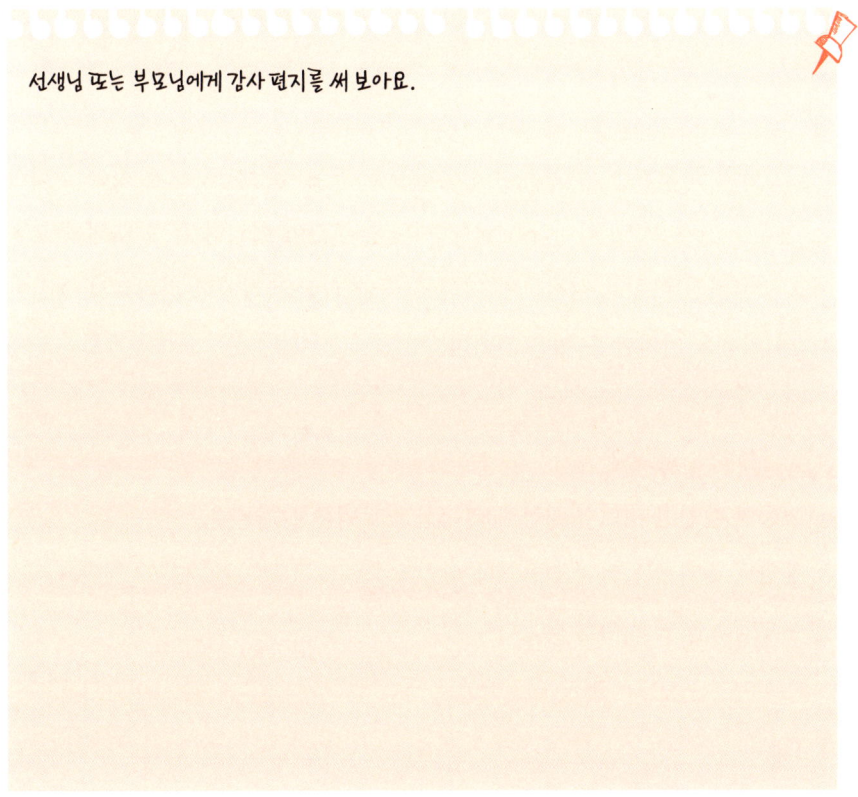

2월 2주
리더십 감상문 쓰기

   1년 동안 부모님과 함께한 리더십 활동을 통해 생각하고 느낀 것을 정리하는 시간을 가져 보자. 아이가 단순히 지나온 시간이 아니라 삶에 대해 주도적이고 적극적인 아이로 성장하며 미래에 대한 확신을 가지고 리더로서 성장한 시간이었음을 기억할 수 있을 것이다.

이렇게 해 보세요
① 그동안 실천한 리더십 활동과 리더십 스토리를 살펴본다.
② 좋았던 점과 힘들었던 점을 적는다.
③ 부모님과 함께 이야기 나눈다.

Tip
- 그동안 모아 왔던 리더십 스토리를 함께 보면서 아이와 이야기 나눕니다.
- 가장 재미있었던 활동, 배운 것이 많았던 활동, 앞으로 더 해 보고 싶은 활동들에 대해서 이야기 나눕니다.

🔻 리더십 스토리

그동안 실천했던 리더십에 대해 감상문을 써 보아요.

1. 좋았던 점

2. 힘들었던 점

3. 앞으로 리더로서 변할 나의 모습

2월 3주
나의 역사책 만들기

아이가 살아온 과정을 돌아보면 '내가 이렇게 컸구나' '내가 어릴 때는 이런 걸 못했는데 지금은 잘하게 되었네' 하면서 여러 가지를 느낄 수 있게 된다. 아이들과 함께한 시간 동안 있었던 일을 생각하면서 역사책을 만들면 어떨까? 어릴 때부터 지금까지 찍은 아이의 사진을 보며 역사책을 만들어 보자.

이렇게 해 보세요
① 아이의 사진을 일 년에 한두 장 정도 뽑아서 출력해 놓는다.
② 그동안의 아이의 사진을 모은 후 부모님과 함께 그때그때 있었던 일들을 떠올려본다.
③ 준비한 사진을 종이에 붙여 몇 장을 엮어 책을 만든다.
④ 다 만든 책을 가지고 부모님과 함께 느낀 점을 말한다.

Tip
- 부모님이 책 만드는 과정을 도와주고 어렸을 적 아이의 모습이 어땠는지 말해 줍니다.
- '어릴 때는 이러이러했는데 지금은 이렇다'라고 어떤 점이 변했는지, 어떻게 자랐는지, 앞으로는 어떻게 자랄지 함께 이야기 나눕니다.

2월 4주

리더십 수상식

2월 4주는 리더십 활동을 하는 마지막 주로 1단계와 같이 리더십 수상식으로 마무리한다. 그동안의 리더십 활동을 돌아보고 칭찬하는 시간을 가진다.

이렇게 해 보세요

① 리더십 책을 보고 아이와 함께 했던 활동을 돌아본다.
② 자신이 가장 잘했다고 생각하는 활동 혹은 재미있었던 활동을 고르거나 아쉬웠던 점, 앞으로 더 하고 싶은 활동 등에 대해 이야기 나눈다.
③ 부모님이 가장 좋았던 활동을 고르고 이야기 나눈다.
④ 리더십 상장을 만들고 수여식을 갖는다.

Tip

- 수상식 때 어떤 말로 아이를 격려할지 생각해 봅니다.
- 그동안의 활동을 칭찬하고 아이가 앞으로 더 잘할 수 있도록 격려합니다.

리더십 스토리

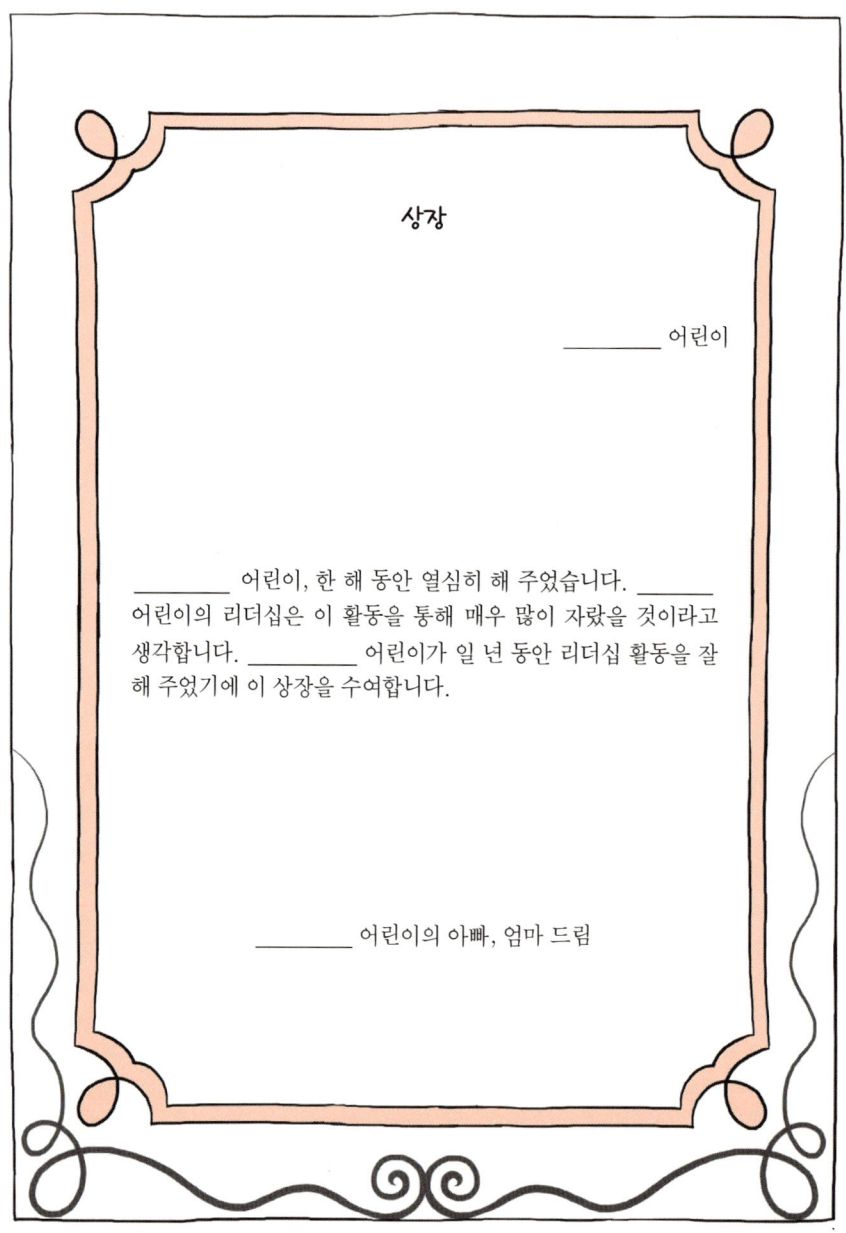